Die bunten 80er

VOKUHILA UND TENNISSOCKEN

Alexandra Sgro

compact via ist ein Imprint der Compact Verlag GmbH

© Compact Verlag GmbH, München
Ausgabe 2012

Text: Alexandra Sgro
Chefredaktion: Evelyn Boos
Redaktion: Gesa Scheziat, Tanja Greiner
Produktion: Johannes Buchmann
Abbildungen: siehe Bildnachweis S. 128
Titelabbildungen: dpa Picure-Alliance, Frankfurt (Michael Jackson);
fotolia.com: Jan Engel (Hintergrundmuster);
iStockphoto.com: DNY59 (Cowboystiefel), ivar (Mann)
Gestaltung: h3a GmbH, München
Umschlaggestaltung: h3a GmbH, München
Druckvorstufe und Satz: Simkraft, Mumbai | www.simkraft.com

ISBN 978-3-8174-8901-5
381748901

www.compactverlag.de

VON:

FÜR:

INHALTSVERZEICHNIS

MUSIK

Vom aggressiven Punkrock in den 70ern war in den 80ern nicht mehr viel übrig geblieben. Glam und Hairspray Metal waren nun angesagt. Bands wie Poison, Joy Division und The Cure regten mit ihren düsteren, zum Teil melancholischen Songs sowie mit ihren Powerballaden die Zuhörer zum Grübeln und Träumen an. Weitaus poppiger und bunter ging es dagegen bei der Neuen Deutschen Welle zu. Nena & Co. ließen *99 Luftballons* zum Himmel steigen, *Major Tom* ins Weltall fliegen oder die Zuhörer über den Sinn von Liedern wie *Da Da Da* nachdenken. Einen viel ernsteren Hintergrund hatte da schon das Live-Aid-Konzert in London und Philadelphia, das Bob Geldof initiiert hatte. Der Star der 80er war eindeutig Michael Jackson, dessen Album *Thriller* zu Höhenflügen ansetzte. Auch Madonna, U2, Depeche Mode oder Culture Club dominierten die Charts nach Belieben. Den Grundstein für ihren späteren Erfolg legten in den 80ern auch Die Ärzte und Die Toten Hosen. Nicht zu vergessen Silly und Pankow, die in ihren Texten mehr als ein Mal die DDR-Regierung kritisierten.

01 Pink Floyds Konzeptalbum *The Wall* erwies sich in den 80ern als wegweisend für viele nachfolgende Bands. Welches Lied ist auf dem Album nicht enthalten?

a) *In the Flesh?*
b) *Wish You Were Here*
c) *Another Brick in the Wall*
d) *The Happiest Days of Our Lives*

02 Nicole gewann mit dem Lied *Ein bisschen Frieden* 1982 haushoch den Eurovision Song Contest. Welches Land gab ihr als Einziges keine Punkte?

a) Luxemburg
b) Österreich
c) Schweiz
d) Niederlande

03 1982 erschien Michael Jacksons Erfolgsalbum *Thriller.* Mit wem sang er das Duett *The Girl is Mine*?

a) Eric Clapton
b) Mark Knopfler
c) Stevie Wonder
d) Paul McCartney

04 Unter welchem Pseudonym haben die Die Toten Hosen ebenfalls Alben herausgebracht?

a) Die Verbotenen Soßen
b) Die Roten Rosen
c) Die Großen Dosen
d) Die Devoten Posen

05 Welches Gründungsmitglied von Guns N' Roses gehört als Einziges der aktuellen Besetzung an?

a) Izzy Stradlin
b) Slash
c) Axl Rose
d) Ole Beich

06 Mit Live Aid fand 1985 das bis dahin größte Benefizkonzert parallel in London und Philadelphia statt. Aus welchem Grund wurde es durchgeführt?

a) Aidshilfe
b) Sammlung für Obdachlose
c) Erdbeben in Thailand
d) Hungersnot in Afrika

Live Aid Initiator Bob Geldorf

07 In welchem Theater wurde das Musical *Das Phantom der Oper* am 9. Oktober 1986 uraufgeführt?

a) Theater an der Wien
b) Neue Flora
c) Her Majesty's Theatre
d) Burgtheater

08 1989 fand in Berlin die erste Love-parade statt, die unter dem Motto „Friede, Freude, Eierkuchen" stand. Welcher Techno-DJ hat sie mitgegründet?

a) Westbam
b) Dr. Motte
c) Sven Väth
d) Paul van Dyk

09 Die Musikrichtung New Wave erfuhr in den 80ern einige neue Einflüsse. Welcher Stil entwickelte sich daraus?

a) New Romantic
b) 2 Step
c) Eurodance
d) Grunge

10 Wer wird nicht zur Neuen Deutschen Welle gezählt?

a) Hubert Kah
b) Fräulein Menke
c) Nicki
d) Markus

11 Wonach benannte sich die Gruppe Depeche Mode, die mit *People Are People* 1984 weltweit Erfolge feierte?

a) russisches Getränk
b) französisches Modemagazin
c) britischer Fußballverein
d) US-amerikanische Automarke

12 Wie hieß der Sänger der Band Culture Club, der durch sein extravagantes Auftreten für Aufsehen sorgte?

a) Beastie Boy
b) Boy Waterman
c) John-Boy
d) Boy George

13 Mit welchem Remix eines Elvis-Presley-Songs landeten die Pet Shop Boys 1987 einen großen Hit?

a) *Jailhouse Rock*
b) *Heartbreak Hotel*
c) *Always on My Mind*
d) *Love Me Tender*

14 Welche Band stieg mit Liedern wie *Big in Japan* und *Forever Young* (beide 1984) hoch in die Charts ein?

a) Alphaville
b) Fury in the Slaughterhouse
c) Duran Duran
d) Eurythmics

15 Nena landete mit *99 Luftballons* 1983 weltweit einen Riesenhit. Wer schrieb die Musik zu dem Stück?

a) Ralph Siegel
b) Uwe Fahrenkrog-Petersen
c) Thomas M. Stein
d) Frank Farian

16 Was aß Peter Behrens, Schlagzeuger bei Trio, immer während eines Auftritts?

a) Banane
b) Schokoriegel
c) Lutscher
d) Apfel

17 Mit ihren kritischen Liedern war die Gruppe Pankow der DDR-Regierung oft ein Dorn im Auge. Welches Lied durfte lange Zeit nicht gespielt werden?

a) *Langeweile*
b) *Am Fenster*
c) *Twist in der Nacht*
d) *Wie ein Stern*

18 Aus welchem Grund war der Falco-Hit *Jeanny* (1985) stark umstritten?

a) Beleidigung des Papstes
b) Befürwortung von Suizid
c) Verherrlichung einer Vergewaltigung
d) homosexuelles Paar im Video

19 In den 80ern war der Glam Metal, der sich u. a. durch Popballaden auszeichnete, äußerst populär. Welche Band wird diesem Stil zugeordnet?

a) Iron Maiden
b) Judas Priest
c) Motörhead
d) Mötley Crüe

20 Welches Accessoire trägt Scorpions-Sänger Klaus Meine häufig bei seinen Auftritten?

a) Mütze
b) Palästinensertuch
c) Diamantenohrringe
d) Lederhandschuhe

21 1984 veröffentlichte Bryan Adams den Klassiker *Summer of '69*. Für welchen Zeichentrickfilm schrieb er den Soundtrack?

a) *Bärenbrüder*
b) *Bee Movie*
c) *Spirit – Der wilde Mustang*
d) *Lilo & Stitch*

22 *Küss' die Hand, schöne Frau* (1987) und *Ding Dong* (1990) waren ihre größten Hits. Welches Karnevalslied stammt auch von der Ersten Allgemeinen Verunsicherung?

a) *Viva Colonia*
b) *3 weiße Tauben*
c) *Ich hab' drei Haare auf der Brust*
d) *Das rote Pferd*

23 Welcher Sänger, der mit *Purple Rain* (1984) seinen Durchbruch schaffte, wurde wegen eines Rechtsstreits zwischenzeitlich TAFKAP genannt?

a) Sting
b) Joe Cocker
c) Prince
d) Rod Stewart

24 In welchem Gebäude fand ab 1982 das Festival „Rock für den Frieden" statt?

a) Jahrhunderthalle
b) Haus der Geschichte
c) Westfalenhallen
d) Palast der Republik

25 1978 veröffentlichte die Band Karat das Lied *Über sieben Brücken musst du gehen*. Welcher West-Künstler coverte den Song erfolgreich?

a) Peter Maffay
b) Udo Lindenberg
c) Marius Müller-Westernhagen
d) Herbert Grönemeyer

26 In den 80ern erlebte der Walkman einen regelrechten Boom. Welche Firma brachte ihn als Erste auf den Markt?

a) Hitachi
b) Grundig
c) Sony
d) Panasonic

27 Mitte der 80er begann die CD die Schallplatte abzulösen. Was war das Besondere an Shape-CDs?

a) anderes Material
b) keine Kreisform
c) violette Beschichtung
d) nur in Asien erhältlich

28 Welche Band, die 1987 gegründet wurde, schrieb mit *Bakschischrepublik* die inoffizielle Hymne der DDR-Rockmusik?

a) Die Skeptiker
b) Die Firma
c) City
d) Herbst in Peking

29 Welchem Ort setzten Die Ärzte, deren gleichnamiges Album 1986 indiziert wurde, im Jahr 1988 ein musikalisches Denkmal?

a) Köln
b) Westerland
c) Bochum
d) Sauerland

30 Was stand auf der Kette, die Thomas Anders von Modern Talking ständig um den Hals trug?

a) Nora
b) Modern Talking
c) Thomas
d) Dieter

31 Am 11. Mai 1981 fand die Uraufführung des Musicals *Cats* statt, dessen bekanntester Song *Memory* ist. Von welcher Figur wird er gesungen?

a) Grizabella
b) Munkustrap
c) Old Deuteronomy
d) Jemima

32 Die Lieder der Band U2, die mit *With or Without You* (1987) große Erfolge feierte, kreisen um Religion und Politik. Wem widmeten sie den Song *Walk On* (2001)?

a) Nelson Mandela
b) Mutter Teresa
c) Martin Luther King
d) Aung San Suu Kyi

33 Silly versuchten durch ein Hintertürchen regimekritische Passagen an der Zensur vorbeizuschmuggeln. Wie wurde solch ein Vorgehen in der DDR genannt?

a) rote Maus
b) gelber Frosch
c) grüner Elefant
d) blauer Wiesel

34 Welches Dire-Straits-Album trug aufgrund des starken Absatzes in den 80ern zur Etablierung der CD bei?

a) *Brothers in Arms*
b) *Making Movies*
c) *Love over Gold*
d) *Alchemy: Dire Straits Live*

35 Mit welchem Outfit schockierte Madonna 1984 bei den MTV Video Music Awards, wo sie ihren aktuellen Hit *Like a Virgin* präsentierte?

a) Latexkleid
b) Pelzstola
c) Nonnenkostüm
d) Hochzeitskleid

FILM UND FERNSEHEN

Der deutsche Film erlebte in den 80ern eine wahre Blütezeit: Volker Schlöndorffs Literaturverfilmung *Die Blechtrommel* gewann den Oscar als bester fremdsprachiger Film, Wim Wenders erntete mit *Paris, Texas* auch international viel Anerkennung, und Werner Herzog lieferte mit *Fitzcarraldo* hochwertige Unterhaltung. Im Fernsehen buhlten die *Lindenstraße*, *Das Traumschiff*, *Kir Royal* und *Die Schwarzwaldklinik* um die Gunst der Zuschauer. Die Jüngeren schalteten lieber bei der Musiksendung *Formel Eins* oder bei den neuen Actionserien aus den USA ein. *Magnum*, *Miami Vice*, *Das A-Team* und *Knight Rider* waren auch hierzulande die Renner. *Dirty Dancing*, *Footloose* und *Flashdance* lösten in den 80ern ein regelrechtes Tanzfieber aus. Vor allem Frauen fieberten vor dem Fernseher mit, ob sich Ralph de Bricassart in dem Mehrteiler *Die Dornenvögel* für die Liebe oder den Glauben entscheiden würde. Nicht zu vergessen Horst Schimanski, der sich trotz oder gerade wegen seiner ruppigen Art und seiner schonungslosen Ehrlichkeit zu einem der beliebtesten *Tatort*-Kommissare entwickelte.

36 *Die Blechtrommel* gewann 1980 einen Oscar als bester fremdsprachiger Film. Was ist das Besondere an der Hauptfigur Oskar Matzerath?

a) spricht alle Sprachen der Welt
b) kann Gedanken lesen
c) ist taub
d) wächst nicht mehr

37 Die ab 1985 ausgestrahlte Serie *Die Schwarzwaldklinik* gilt als Mutter aller deutschen Arztserien. Welches Thema in Folge 23 löste einen heftigen Skandal aus?

a) Liebesbeziehung zu einer Minderjährigen
b) Inzest
c) Vergewaltigung
d) Geiselnahme

38 Welche später auch weiterhin erfolgreiche Schauspielerin begeisterte bereits als Kinderdarstellerin in *E. T. – Der Außerirdische* (1982)?

a) Drew Barrymore
b) Cameron Diaz
c) Sandra Bullock
d) Meg Ryan

39 Welcher von Wim Wenders gedrehte Film war Vorbild für den Hollywood-Blockbuster *Stadt der Engel* mit Meg Ryan und Nicolas Cage?

a) *Paris, Texas*
b) *Der Himmel über Berlin*
c) *Summer in the City*
d) *Alice in den Städten*

40 Mit welchem Schauspieler drehte Werner Herzog in den 80ern mehrere Filme, u. a. *Fitzcarraldo* (1982)?

a) Otto Sander
b) Bruno Ganz
c) Götz George
d) Klaus Kinski

41 Auf welcher Inselkette spielte die Serie *Magnum*?

42 Welches Tier hielt sich Sony Crokett in der Serie *Miami Vice* als Haustier?

43 Wie nannte die Besatzung in dem Film *Das Boot* (1981) ihren Kommandanten?

a) der Chef
b) der Boss
c) der Alte
d) der Dirigent

44 1981 erfand Frank Elstner die Unterhaltungssendung *Wetten, dass..?*. Welche Hilfsaktion ging aus einer der Wetten hervor?

a) Menschen für Menschen
b) Fuggersche Stiftungen
c) Stiftung Mensch
d) Aktion Mensch

45 Welcher Film wurde 1988 als Einziger an einem Tag erst in Ostberlin und später in Westberlin gezeigt?

a) *Die unendliche Geschichte*
b) *Ödipussi*
c) *Christiane F. – Wir Kinder vom Bahnhof Zoo*
d) *Theo gegen den Rest der Welt*

46 Wer komponierte den *Dinnermarsch*, zu dem die Köche in der Serie *Das Traumschiff* zum Schluss stets einmarschierten?

a) Max Greger
b) Helmut Zerlett
c) James Last
d) Paul Kuhn

47 Die erfolgreiche *Indiana Jones*-Filmreihe startete 1981. Welche Reliquie sucht der Abenteurer im ersten Teil?

a) Turiner Grabtuch
b) Heiliger Gral
c) Schweißtuch der Veronika
d) Bundeslade

48 1989 wurde die erste eigenständige Folge der *Simpsons* ausgestrahlt. In welcher Sendung tauchten die Figuren 1987 zum ersten Mal auf?

a) *Tracey Ullman Show*
b) *The Oprah Winfrey Show*
c) *The Howard Stern Show*
d) *The Ellen DeGeneres Show*

49 Wie hieß der Boulevard-Reporter in der ab 1986 ausgestrahlten Serie *Kir Royal*?

a) Heinrich Haffenloher
b) Herbie Fried
c) Baby Schimmerlos
d) Hubert Dürkheimer

50 Die 80er waren das Jahrzehnt der Tanzfilme: Was trug „Baby" in einer Szene in *Dirty Dancing*?

a) Aubergine
b) Orange
c) Mango
d) Wassermelone

Jennifer Grey und Patrick Swayze in *Dirty Dancing*

51 Was war in der deutschen Serie *Lindenstraße* als Erstes zu sehen?

a) gemischtrassige Ehe
b) gleichgeschlechtlicher Kuss
c) live die Geburt eines Kindes
d) Einnahme von Drogen

52 Welcher Geschäftszweig stand bei *Falcon Crest* im Vordergrund?

53 Welchen Spitznamen trug Joan Collins in der Serie *Denver Clan*?

Joan Collins, John Forsythe, Linda Evans

54 In welchem Märchenfilm spielte Rolf Hoppe mit, der auch Teil des oscarprämierten Films *Mephisto* (1982) war?

a) *Die Geschichte vom kleinen Muck*
b) *Die Schneekönigin*
c) *Drei Haselnüsse für Aschenbrödel*
d) *Die Prinzessin auf der Erbse*

55 Der Mehrteiler *Die Dornenvögel* entwickelte sich 1985 in Deutschland zu einem wahren Straßenfeger. Wer schrieb die literarische Vorlage?

a) Marry Shelley
b) Margaret Mitchell
c) Colleen McCullough
d) Harper Lee

56 Wie hieß das Maskottchen in der Musiksendung *Formel Eins*?

a) Lassie
b) Teasy
c) Wolfsblut
d) Charly

57 Wie wurden die Polizeibeamten in Uniform von *Tatort*-Ermittler Horst Schimanski genannt?

a) Trachtengruppe
b) Marschtruppe
c) Kegeltrupp
d) Sängerclub

58 Welchen Spruch ließ Hannibal in der Serie *A-Team* nach einem erfolgreichen Auftrag stets von sich?

59 Wofür stand in der Serie *Knight Rider* die Abkürzung K. I. T. T.?

60 Von welcher Freundschaft wird in dem Mehrteiler *Fackeln im Sturm* erzählt?

a) Winnetou und Old Shatterhand
b) Bonnie und Clyde
c) Orry Main und George Hazard
d) Scarlett O'Hara und Rhett Butler

61 Spielshows wie *Glücksrad* und *Der Preis ist heiß* hatten in den 80ern Hochkonjunktur. Wie hieß die erste Buchstabenfee beim *Glücksrad*?

a) Karin Tietze Ludwig
b) Maren Gilzer
c) Monika Sundermann
d) Petra Schürmann

62 Henry Hübchen begeisterte die Zuschauer in den 80ern vor allem als Kommissar in der Serie *Polizeiruf 110*. In welcher Sportart war er 1981 und 1982 DDR-Meister?

a) Brettsegeln
b) Reiten
c) Schwimmen
d) Fechten

63 Wie lautete Peter Lustigs Abschiedsspruch in der Kindersendung *Löwenzahn*?

a) „Heute ist nicht alle Tage, ich komm' wieder, keine Frage!"
b) „Ene, mene, miste, es rappelt in der Kiste."
c) „Samstag in acht Tagen"
d) „Jetzt kommt ja eh nichts mehr, also abschalten!"

MODE

Von vielen im Nachhinein als das Jahrzehnt des schlechten Geschmacks bezeichnet, haben die 80er doch ein oder zwei Kleidungsstücke hervorgebracht, die vor einigen Jahren ein Comeback erlebten. Konnte die Kleidung in den 70ern nicht weit genug sein, wandelte sie sich in den 80ern in das andere Extrem. Die Hosen wurden immer enger, saßen fast wie eine zweite Haut. Die schrillen Farben waren jedoch geblieben. Rot, Pink, Gelb – bunt und poppig ging es in den 80ern zur Sache. Mit den leuchtenden Tönen wurde auch nicht vor Hosen, Hemden oder Jacketts haltgemacht. Auffälliger Modeschmuck wie überdimensionale Ohrringe, Nieten- und Stretchgürtel sowie bunte Einteiler durften dazu nicht fehlen. Trendsetter im Bereich Mode waren vor allem die Jungs aus *Miami Vice*. Jeder Mann wollte so lässig aussehen wie die beiden Ermittler mit ihren pastellfarbenen Anzügen. Auf dem Kopf ging es genauso wild zu. Dauerwelle, Minipli und Igelschnitt waren das Maß aller Dinge. Wer es kleidertechnisch lieber dezenter mochte, der wählte eines der eleganten Polohemden von Lacoste.

64 Was wurde in den 80ern in vielen Blazern und Anzugsjacken verarbeitet?

a) Fellkragen
b) Tüll
c) Schulterpolster
d) Organza

65 Welcher Fußballspieler machte in den 80ern den Minipli populär?

a) Matthias Sammer
b) Lothar Matthäus
c) Jürgen Klinsmann
d) Rudi Völler

66 Welcher Haarschnitt war auf vielen Männerköpfen zu sehen?

a) Tonsur
b) Bubikopf
c) Vokuhila
d) Undercut

67 Wie wird der Igelschnitt auch genannt?

a) Idefixfrisur
b) Black-Beauty-Frisur
c) Flipperfrisur
d) Meckifrisur

68 Welcher Hosenschnitt war äußerst beliebt?

a) Boyfriend Jeans
b) Schlaghose
c) Röhrenjeans
d) Caprihose

Mädchen mit Miniplifrisur

69 Was durfte in den meisten Kleider-
schränken nicht fehlen?

a) Homburg-Hut
b) Sakko mit Karomuster
c) Garibaldijacke
d) Gehrock

70 Welches Kleidungsstück kauften sich
in den 80ern immer mehr Frauen?

a) Hosenanzug
b) Barett
c) Prinzesskleid
d) Sari

71 Wer es am Bein gern etwas weiter
hatte, der trug wie der Sänger MC
Hammer eine …?

a) Stiefelhose
b) Skinny Jeans
c) Chinohose
d) Ballonhose

72 Dauerwellen zauberten in den 80ern
aus glatten Haaren krause Locken.
Wie wird der Prozess genannt, bei
dem aus Locken glattes Haar ge-
formt wird?

a) Glattwelle
b) Protestwelle
c) Gegenwelle
d) Nasswelle

! Die erste professionelle Dauerwelle wurde 1906 vom
Deutschen Friseur Karl Nessler
(1872–1951) gelegt.

73 Was war das Besondere an vielen Frauenblusen?

a) Pepitamuster
b) Kreppschicht
c) Schnürbänder
d) Puffärmel

74 Wodurch zeichnen sich Steghosen aus?

a) Knopfleiste an der Wade
b) integrierte Hosenträger
c) Stonewashed-Look
d) Fersenband am Fußende

75 Was trug fast jeder New Waver?

a) blonde Strähnchen
b) Kajalstrich
c) goldenen Nagellack
d) bunten Overall

76 Welches Kleidungsstück erfreute sich in den 80ern großer Beliebtheit?

a) Jeanshemd
b) Zylinder
c) Wams
d) Toga

77 Im Zuge des Aerobic-Booms sah man viele Frauen in welchem Outfit?

a) Kaftan
b) Tankini
c) Soutane
d) Leggings mit Stulpen

78 In den 80ern wurde der Hip-Hop recht populär. Was trugen die Sänger häufig auf dem Kopf?

a) Basecap
b) Cowboyhut
c) Helmut-Schmidt-Mütze
d) Studentenmütze

79 Welches Accessoire, das inzwischen fast vollständig in der Versenkung verschwunden ist, wurde zu einem Modehit?

a) Schnabelschuh
b) Pelerine
c) Kimono
d) Stirnband

80 Wer wurde als Yuppie bezeichnet?

a) Langzeitstudenten
b) erfolgsorientierte junge Großstadtmenschen
c) ungeliebte Lehrer
d) Zivildienstleistende im hohen Alter

81 Wer modern sein wollte, der trug …?

a) weiße Tennissocken
b) Korsett
c) Kniebundhose
d) Galoschen

82 Worauf wollten Jugendliche nicht verzichten?

a) Chapeau Claque
b) Pickelhaube
c) Sneaker
d) Feldjacke

83 Welche Bewegung legte besonderen Wert auf Markenkleidung und stilvolle Outfits?

a) Mantafahrer
b) Popper
c) Teddy Boys
d) Punker

84 Welcher Frisurentrend lag bei Frauen in den 80ern hoch im Kurs?

a) Dreadlocks
b) asymmetrischer Haarschnitt
c) Irokesenschnitt
d) Schmalztolle

85 Womit schmückten Jugendliche und junge Erwachsene ihre Jacken und Taschen?

a) Broschen
b) Manschetten
c) Stofffetzen
d) Buttons

86 In welcher Sportart war René Lacoste aktiv, der als Erfinder des Poloshirts gilt?

a) Eishockey
b) Fußball
c) Tennis
d) Formel 1

87 Ohne welches Kleidungsstück ging so mancher Mann nicht aus dem Haus?

a) Netzhemd
b) Matrosenanzug
c) Bowler
d) Feldbinde

GESCHICHTE UND POLITIK

In Deutschland bewegte die Menschen in den 80ern vor allem eins: der Fall der Mauer. Nach 28 Jahren der Trennung wurden Ost und West wieder eine Einheit. Möglich gemacht hatten dies u. a. Helmut Kohl, der 1982 zum neuen Bundeskanzler gewählt wurde, sowie der 1985 an die Macht gelangte sowjetische Politiker Michail Gorbatschow. Ebenso hatten die zahlreichen Proteste der Bevölkerung, z. B. die Montagsdemonstrationen, daran großen Anteil. Auch aus anderen Gründen waren in den 80ern die Bürger mehrfach auf die Straße gegangen. Weniger arbeiten bei gleichem Lohn – für viele Beschäftigte in der Metallindustrie ein Grund, die Arbeit niederzulegen. Für politische Skandale sorgten u. a. die Spendenaffäre um den Konzern Flick, die Auseinandersetzungen zwischen Uwe Barschel und Björn Engholm sowie die vorzeitige Entlassung des Vier-Sterne-Generals Günter Kießling. Wut und Entsetzen rief das Gladbecker Geiseldrama hervor, das Unglück während der Flugschau in Ramstein dagegen Trauer und Tränen. Dianas Hochzeit mit Prinz Charles zauberte ein verzücktes Lächeln auf viele Gesichter.

88 In welcher Stadt fanden die ersten Montagsdemonstrationen statt?

a) Leipzig
b) Stuttgart
c) Frankfurt
d) Berlin

89 Wer hielt am 9. November 1989 die Pressekonferenz ab, die vorzeitig zur Öffnung der Berliner Mauer führte?

a) Egon Krenz
b) Günter Schabowski
c) Günther Kleiber
d) Gerhard Lauter

90 Am 13. Januar 1980 wurde offiziell die Partei Die Grünen gegründet. Wer wurde zur Bundesvorstandssprecherin gewählt?

a) Renate Künast
b) Rebekka Schmidt
c) Jutta Ditfurth
d) Petra Kelly

91 In den Vereinigten Staaten kam 1981 Elizabeth Carr zur Welt. Was war das Besondere an ihrer Geburt?

a) erster Kaiserschnitt
b) erstes Retortenbaby
c) erstes Zwitterbaby
d) erstes Wolfskind

92 In welchem Gebiet wurde 1985 Smogalarm der Stufe III inklusive Fahrverbot für den Privatverkehr ausgerufen?

a) Ruhrgebiet
b) Eifel
c) Rheinland
d) Schwabenland

Absperrung wegen Smogalarm

93 1985 wurde das Wrack der Titanic entdeckt. Von wo war der Luxusliner ausgelaufen?

a) Liverpool
b) New York
c) Belfast
d) Southampton

94 Während des Tian'anmen-Massakers am 4. Juni 1989 in Peking wurden viele Demonstranten verletzt. Auf welchem Platz kam es zu dem Unglück?

a) Platz der Glückseligkeit
b) Platz des himmlischen Friedens
c) Platz der göttlichen Fügung
d) Platz des magischen Moments

95 Welche beiden Nationen kämpften im Ersten Golfkrieg gegeneinander, der 1980 begann?

a) Türkei und Ägypten
b) Afghanistan und Sowjetunion
c) Iran und Irak
d) Aserbaidschan und Pakistan

96 Wie hieß die US-Raumfähre, die 1986 kurz nach dem Start auseinanderbrach?

a) Challenger
b) Apollo 13
c) Sputnik
d) Enterprise

97 Was forderten die Arbeitnehmer 1984 während des größten Metallerstreiks in der Geschichte der Bundesrepublik?

a) 45-Stunden-Woche
b) 40-Stunden-Woche
c) 38-Stunden-Woche
d) 35-Stunden-Woche

98 1985 erschütterte ein Lebensmittelskandal die Bundesrepublik. Was war einigen Weinen beigemischt worden?

a) Düngemittel
b) Rattengift
c) Frostschutzmittel
d) Ecstasy

99 Wer verübte am 13. Mai 1981 ein Attentat auf Papst Johannes Paul II.?

a) Mehmet Ali Agca
b) Lee Harvey Oswald
c) Jack Leon Ruby
d) Mark David Chapman

100 Wie hieß die Flugstaffel, die während des Flugtags in Ramstein 1988 für ein Unglück sorgte?

a) Black Arrows
b) Frecce Tricolori
c) Diables Rouges
d) Snowbirds

101 Welchen Umstand diskutierten die Bundesbürger auch noch Tage nach dem Gladbecker Geiseldrama?

a) Verweigerung der Regierung, Lösegeld zu zahlen
b) keine Haftstrafen
c) Baby als Geisel
d) mediale Begleitung

102 Auf welchem Volksfest wurde am 26. Oktober 1980 ein Bombenattentat verübt?

a) Öcher Bend
b) Münchner Oktoberfest
c) Wasen
d) Send

103 1981 berichtete der US-Seuchenschutz erstmals über die Immunkrankheit AIDS. Was gilt als Symbol der Solidarität mit den Erkrankten?

a) rote Schleife
b) Halbmond
c) Fisch
d) Yin und Yang

104 Am 29. Juli 1981 heiratete Prinz Charles Diana Spencer. In welcher Kirche wurden sie getraut?

a) Kathedrale von Salisbury
b) Glastonbury Abbey
c) Westminster Abbey
d) Saint Paul's Cathedral

105 Mit welcher Nation rang Großbritannien 1982 um die Falklandinseln?

a) Irland
b) Schottland
c) Argentinien
d) Chile

Bergkette auf den Falklandinseln

106 Helmut Kohl wurde 1982 zum neuen Bundeskanzler gewählt. Welche Auszeichnung erhielt der „Vater der Einheit" nicht?

a) Order of the British Empire
b) Aachener Karlspreis
c) Presidential Medal of Freedom
d) Preis des Westfälischen Friedens

107 Das Magazin *stern* veröffentlichte 1983 die angeblichen Tagebücher Adolf Hitlers. Welcher Künstler hatte sie gefälscht?

a) Wolfgang Lämmle
b) Konrad Kujau
c) Edgar Mrugalla
d) Reinhold Vasters

108 Welcher Politiker war in den 80ern in die Flick-Affäre verstrickt?

a) Otto Graf Lambsdorff
b) Gerhard Schröder
c) Gert Bastian
d) Sigmar Gabriel

109 Was wurde dem Vier-Sterne-General Günter Kießling vorgeworfen?

a) Bestechlichkeit
b) Fremdenfeindlichkeit
c) Veruntreuung von Geldern
d) Homosexualität

110 Mit welchem Standort sollte das Krupp-Hüttenwerk Rheinhausen zusammengeschlossen werden?

a) Engelsberg
b) Hüttenheim
c) Münsterbusch
d) Dillinger Hütte

111 Eine Dürre führte Mitte der 80er in mehreren afrikanischen Ländern zu Hungersnöten. Wie heißt das Gebiet zwischen Sahara und Trockensavanne?

a) Sahelzone
b) Salzwüste
c) Rossbreiten
d) Karakum

112 Mit welchem Stichwort wird Michail Gorbatschow, der 1985 neuer Generalsekretär der KPdSU wurde, in Verbindung gebracht?

a) Perestroika
b) friedliche Koexistenz
c) Rasterfahndung
d) Marshall-Plan

113 Was beschloss die Bundesregierung 1986 für Tankstellen?

a) digitale Tafeln mit Benzinpreisen
b) Kartenzahlung muss angeboten werden
c) Einführung von bleifreiem Benzin
d) Besitz eines Luftdruckmessers

114 Am 26. April 1986 kam es zur Katastrophe von Tschernobyl. Wie wurden die Beschäftigten genannt, die versuchten, die radioaktive Strahlung einzudämmen?

a) Heilswahrer
b) Liquidatoren
c) Todesbringer
d) Dementoren

Kernkraftwerk Tschernobyl

115 Fast neun Monate dauerte es, bis die am 3. Juni 1979 begonnene Ölpest im Golf von Mexiko gestoppt werden konnte. Wie hieß die Ölquelle?

a) Ixtoc I
b) Deepwater Horizon
c) Sea-Island-Öl-Terminal
d) Sandoz

Mit dem deutschen Diplomaten Claus von Arnsberg (1926–2002) schloss Beatrix I. 1966 den Bund der Ehe.

116 Am 30. April bestieg Beatrix I. den niederländischen Thron. Aus welchem Königshaus stammt sie?

a) Bernadotte
b) Wittelsbacher
c) Sachsen-Coburg und Gotha
d) Oranien-Nassau

117 Mit welcher Oper wurde 1985 die Semperoper in Dresden wieder eröffnet?

a) *Torquato Tasso*
b) *Der Freischütz*
c) *Jubelouvertüre*
d) *Aida*

118 1982 trat das Asylverfahrensgesetz in Kraft. In welcher Stadt hat das Bundesamt für Migration und Flüchtlinge seinen Sitz?

a) Bonn
b) Frankfurt am Main
c) Nürnberg
d) Karlsruhe

119 Was tat Erich Honecker als erster DDR-Staatschef?

a) Besuch der Bundesrepublik
b) Empfang der Queen
c) Verbot von Kreuzen in Schulen
d) Jahresempfang für Olympiasieger

120 Wer gestaltete den Neubau der Neuen Pinakothek in München, der 1981 eröffnet wurde?

a) Ludwig Mies van der Rohe
b) Le Corbusier
c) Oscar Niemeyer
d) Alexander Freiherr von Branca

121 Womit müssen seit 1986 alle Neuwagen ausgerüstet sein?

a) Katalysator
b) Airbag
c) ABS-System
d) Drehzahlmesser

KUNST UND KULTUR

Wer sich in den 80ern mal so richtig gruseln wollte, der las einfach ein Buch von Stephen King. Der Meister des Horrors ließ selbst so manchen harten Mann nachts nicht mehr so schnell einschlafen. Ganz ähnlich muss es Menschenrechtlern ergangen sein, als sie die Reportage *Ganz unten* gelesen hatten und feststellen mussten, dass es Ausländer in den 80ern immer noch schwer in Deutschland hatten. Frauen und Mütter litten dagegen eher mit Betty Mahmoody, die in *Nicht ohne meine Tochter* von ihrem Kampf um ihr Kind erzählte. Keine Sorgen mussten sich hingegen Johannes Mario Simmel, Patrick Süskind oder Monika Maron machen. Ihre Werke verkauften sich in den 80ern tausendfach. Markus Lüpertz spaltete die Kunstkritiker mit seinen Kunstwerken, ebenso Elfriede Jelinek mit ihrem literarischen Schaffen. Die Alte Oper in Frankfurt lud nach langer Bauphase wieder Musikliebhaber aus aller Welt ein. Für Freunde der Wissenschaften öffnete das Deutsche Technikmuseum Berlin. Die vier Abenteurer von *TKKG* und die rasante Hexe Bibi Blocksberg versüßten den Kindern zahlreiche Nachmittage.

122 Welche Zeitung erwarb 1981 der Medienunternehmer Rupert Murdoch?

a) *Morning Star*
b) *The Daily Telegraph*
c) *The Times*
d) *Evening Standard*

123 Welche Sehenswürdigkeit gehört nicht zu den Sieben Weltwundern?

a) Pyramiden von Gizeh
b) Koloss von Rhodos
c) Chinesische Mauer
d) Hängende Gärten der Semiramis

124 Wie heißt die Hauptfigur in dem 1982 erschienenen Roman *Der Name der Rose*?

a) Bernard Gui
b) Jorge von Burgos
c) Adson von Melk
d) William von Baskerville

> 1986 wurde der Roman von Umberto Eco mit Sean Connery in der Hauptrolle verfilmt.

125 In Frankfurt am Main wurde 1981 die Alte Oper wieder eröffnet. Wer war an der Oper Frankfurt, die künstlerisch später ihren Platz einnahm, lange Zeit Dirigent?

a) Carl Bamberger
b) Henri Arends
c) Christoph von Dohnányi
d) Kurt Eichhorn

Sean Connery in *Der Name der Rose*

126 Welcher Persönlichkeit widmet das 1983 eröffnete Deutsche Technikmuseum Berlin eine Dauerausstellung?

a) Johann Carl Friedrich Gauß
b) Melitta Bentz
c) Tim Paterson
d) Konrad Zuse

127 Welches Gebäude, das 1984 seine Pforten öffnete, gestaltete der Architekt James Stirling?

a) Reichstagsgebäude
b) Museum Ludwig
c) Neue Staatsgalerie Stuttgart
d) Wallraf-Richartz-Museum

128 Welcher Schriftsteller veröffentlichte 1985 das Buch *Ganz unten,* für das er in die Rolle eines Türken geschlüpft war?

a) Günter Wallraff
b) Giovanni di Lorenzo
c) Helmut Markwort
d) Hans Werner Kilz

129 Welches Werk stammt nicht von Johannes Mario Simmel?

a) *Es muss nicht immer Kaviar sein*
b) *Und Jimmy ging zum Regenbogen*
c) *Siddhartha*
d) *Doch mit den Clowns kamen die Tränen*

130 Welcher Schriftsteller sollte 1988 für seinen Roman *Die satanischen Verse* auf Befehl Ayatollah Khomeinis mit dem Tod bestraft werden?

a) Nagib Mahfuz
b) Haruki Yusuf al-Khal
c) Mohamed Choukri
d) Salman Rushdie

131 Wie heißt der Flugbesen von Bibi Blocksberg, die seit 1980 in der gleichnamigen Hörspielreihe die Kinder erfreut?

132 Wie heißen die Figuren aus der Jugendbuch- und Hörspielreihe *TKKG*?

133 1989 erschien in den USA Ken Folletts Erfolgsroman *Die Säulen der Erde*. Welches Werk wird als Fortsetzung angesehen?

a) *Sturz der Titanen*
b) *Die Kathedrale des Meeres*
c) *Das Spiel der Könige*
d) *Die Tore der Welt*

134 Welcher Schriftsteller sprach sich 1989 in dem Aufruf „Für unser Land" für die Bewahrung der Eigenständigkeit der DDR aus?

a) Botho Strauß
b) Stefan Heym
c) Hans Magnus Enzensberger
d) Sten Nadolny

135 Wie heißt der Protagonist in dem 1985 von Patrick Süskind veröffentlichten Roman *Das Parfum*?

a) Jean Valjean
b) Edmond Dantès
c) Jean-Baptiste Grenouille
d) Cyrano von Bergerac

136 Wer war nie Teil des Literarischen Quartetts, das 1988 erstmals auf Sendung ging?

a) Elke Heidenreich
b) Sigrid Löffler
c) Marcel Reich-Ranicki
d) Hellmuth Karasek

137 Welcher Titel stammt nicht von Stephen King?

a) *Shining*
b) *Drood*
c) *Stand by Me*
d) *Christine*

138 Wer verfasste den Roman *Die Welle*, der sich mit Gleichschaltung auseinandersetzt?

a) Ingrid Uebe
b) Bernhard Schlink
c) Gudrun Pausewang
d) Morton Rhue

139 Wie heißt die Direktorin in Roald Dahls Kinderroman *Matilda*?

a) Veruschka Salz
b) Fräulein Knüppelkuh
c) Violetta Wiederkäu
d) Fräulein Kassandra

140 Wer übernahm in der gleichnamigen Verfilmung von Elfriede Jelineks Roman *Die Klavierspielerin* (1983) die Hauptrolle?

a) Isabelle Huppert
b) Catherine Deneuve
c) Emmanuelle Béart
d) Fanny Ardant

141 Welche Stadt stellte Monika Maron in ihrem Roman *Flugasche* (1981) in den Mittelpunkt?

a) Chemnitz
b) Dresden
c) Bitterfeld
d) Zwickau

142 Der Erfahrungsbericht *Nicht ohne meine Tochter* von Betty Mahmoody avancierte 1987 zu einem Bestseller. Aus welchem Land versuchte sie zu fliehen?

a) Irak
b) Türkei
c) Ägypten
d) Iran

143 Markus Lüpertz schuf u. a. die Skulptur „Apoll". Welche Zeitschrift gibt er heraus?

a) *Frau und Hund*
b) *Katz und Maus*
c) *Mann und Pferd*
d) *Haus und Heim*

144 Mit welchem Maler arbeitete der Theaterintendant Peter Zadek jahrelang erfolgreich zusammen?

a) Günther Förg
b) Gerhard Richter
c) Johannes Grützke
d) Georg Baselitz

145 *Der fremde Freund* von Christoph Hein war 1983 in der DDR ein großer Erfolg. Unter welchem Namen wurde die Novelle im Westen veröffentlicht?

a) *Drachenherz*
b) *Drachenblut*
c) *Drachenliebe*
d) *Drachenschmerz*

146 Welche geschichtliche Figur stellte Christa Wolf in einem ihrer Werke in den Mittelpunkt?

a) Hildegard von Bingen
b) Maria Magdalena
c) Kleopatra
d) Kassandra

Christa Wolf erhielt 2002 den Deutschen Bücherpreis für ihr Lebenswerk.

ALLTAG

Die 80er standen ganz im Zeichen der neuen technischen Entwicklungen. Der erste Personal Computer schaffte es auf den Markt, der Commodore 64 ebenfalls. Kinder und Jugendliche waren fast täglich voll und ganz damit beschäftigt, Super Mario unbeschadet durch die einzelnen Level zu navigieren. Sowohl das Nintendo Entertainment System als auch der Game Boy traten in den 80ern ihren Siegeszug an. So manch einer hat in den 80ern zahlreiche Stunden vor den Konsolen zugebracht. Wer genug davon hatte, auf den Bildschirm zu starren, der schnappte sich seine Inlineskates oder das BMX-Rad und kurvte durch die Gegend. Vielleicht traf er dabei auf die zahlreichen Demonstranten, die für den Frieden und gegen Atomkraft protestierten. Viele Bundesbürger hielten sich auch einfach mit Aerobic fit. Die ersten klobigen Handys ermöglichten es, dass man auch unterwegs jederzeit erreichbar und nicht an eine lästige Schnur gebunden war. Fast jedes Kind besaß in den 80ern einen Troll, den es sich womöglich in den neu eröffneten Toys"R"us-Spielzeugläden gekauft hatte.

147 Inlineskates, bei denen die Rollen hintereinander angebracht sind, erlebten in den 80ern einen Boom. Wie wird das Fahren auf Bänken o. Ä. genannt?

a) Skywalking
b) Jump-Style
c) Slide
d) Parcour

148 Welches speziell für Mädchen konzipierte Spielzeug kam 1989 neu auf den Markt?

a) Polly Pocket
b) Barbie
c) Käthe-Kruse-Puppen
d) Baby Born

149 Wo fanden in NRW Anfang der 80er mehrfach Großdemonstrationen der Friedensbewegung statt?

a) Dortmunder Borsigplatz
b) Kölner Domplatte
c) Bonner Hofgarten
d) Prinzipalmarkt Münster

150 Welches Computerspiel, das seit 1984 im Handel erhältlich ist, erfand der russische Programmierer Alexei Paschitnow?

a) Prince of Persia
b) Sonic
c) Pong
d) Tetris

151 Seit 1983 navigieren Kinder und Jugendliche den Klempner Mario durch so manches Abenteuer. In welchem Spiel tauchte die Figur zum ersten Mal auf?

a) Manic Miner
b) Lode Runner
c) Donkey Kong
d) Space Panic

152 Was wurde 1980 in der Bundesrepublik Deutschland wieder eingeführt?

a) Grenzkontrollen
b) Volljährigkeit mit 21 Jahren
c) Stempeluhr
d) Sommerzeit

153 Womit konnten ab 1980 in Deutschland nicht nur Kinder Stunden verbringen?

a) Zauberwürfel
b) Bluff
c) Die Siedler von Catan
d) Adel verpflichtet

154 Wo fand 1981 die bis dahin größte Anti-Atom-Demonstration der Bundesrepublik Deutschland statt?

a) Krümmel
b) Gundremmingen
c) Brunsbüttel
d) Wilstermarsch

155 Welches Unternehmen machte 1981 den Personal Computer populär?

a) IBM
b) Apple
c) Dell
d) Asus

156 Wofür konnten sich in den 80ern viele Kinder begeistern?

a) Reifentreiben
b) Pantomime
c) Jo-Jo
d) Scooby-Doo-Bänder

157 **Was wurde in der Innenstadt von Buxtehude als Modellversuch eingerichtet?**

a) Spielstraße
b) Tempo-30-Zone
c) Zebrastreifen
d) Andreaskreuz

158 **Welches technische Hilfsmittel erfuhr in den 80ern einen Boom?**

a) Faxgerät
b) Festplattenrekorder
c) Digitalkamera
d) externe Festplatte

160 **Welche Schauspielerin löste einen Aerobic-Boom aus?**

a) Demi Moore
b) Sharon Stone
c) Kim Basinger
d) Jane Fonda

159 **1983 wurde die Uhrenmarke Swatch eingeführt. Wie heißt die Kindermarke?**

a) Trip Trap
b) Bim Bam
c) Flik Flak
d) Huh Buh

161 **Was legte die Bundesrepublik in den 80ern für Autofahrer fest?**

a) Anschnallpflicht
b) Teilnahme am Erste-Hilfe-Kurs
c) vorheriger Sehtest
d) Promillegrenze bei 0,5

162 **Welche Reifengröße haben durchschnittlich BMX-Räder?**

a) 10 Zoll
b) 14 Zoll
c) 20 Zoll
d) 28 Zoll

163 **1982 kam der Commodore 64 auf den Markt. Wie wurde er auch genannt?**

a) „Knutschkugel"
b) „Brotkasten"
c) „Steinzeitkeyboard"
d) „Flachbrust"

164 **Was hing besonders bei Opel-Manta-Fahrern an vielen Rückspiegeln und Antennen?**

a) Hasenpfote
b) Traumfänger
c) Wackeldackel
d) Fuchsschwanz

165 **Welches Spiel, bei dem eine Figur durch ganz London gejagt werden muss, wurde 1983 zum Spiel des Jahres gekürt?**

a) Scotland Yard
b) Hase und Igel
c) Um Reifenbreite
d) Sagaland

166 **Viele Jugendliche hatten ihren Spaß mit Schwarzlicht. Wie wird die Strahlung in Fachkreisen bezeichnet?**

a) Alphastrahlung
b) Röntgenstrahlung
c) Ultraviolettstrahlung
d) Radiowellen

167 Wodurch zeichnete sich die beliebte Troll-Spielzeugfigur aus?

a) nachwachsende Fingernägel
b) wechseln der Augenfarbe auf Knopfdruck
c) bunte Haare
d) individuelle Gesichtszüge

168 Welches Unternehmen brachte 1989 den Game Boy heraus?

a) Nintendo
b) Atari
c) Sega
d) Sony

170 Seit Mitte der 80er können sich Kinder auch in der Bundesrepublik in Toys"R"us-Märkten mit Spielzeug eindecken. In welcher Stadt öffnete die erste Filiale?

a) Braunschweig
b) Stuttgart
c) Hannover
d) Koblenz

169 Welchen Zirkus gründeten die Brüder Benno und Lothar Kastein 1989?

a) Roncalli
b) Flic Flac
c) Krone
d) Charles Knie

171 Das Mobiltelefon welches Unternehmens wurde 1983 in den USA als weltweit erstes Handy zugelassen?

a) Sony Ericsson
b) Samsung
c) Motorola
d) Nokia

SPRACHE

In den 80ern war vieles nicht einfach nur toll. Fast jedes Adjektiv wurde mit einer Steigerung versehen. „Klotzen statt kleckern" lautete in sprachlicher Hinsicht die Devise. Für viele Gefühlslagen gab es einen individuellen Ausdruck. Es wurde nicht einfach gesagt, dass man keine Lust hatte oder von etwas begeistert war. Die Jugendlichen wussten für alles eine Alternative, sogar für den einfachen Ausdruck „zum Beispiel". Es gab auch immer jemanden, der bei den beliebten „Alle Kinder"-Witzen noch eins draufsetzen konnte. Dabei muteten die Sprüche schon mal etwas makaber an, wie beispielsweise „Alle Kinder sitzen um das Lagerfeuer, nur nicht Brigitte, die sitzt in der Mitte" oder „Alle Kinder spielen auf dem elektrischen Stuhl, nur nicht Walter, der spielt am Schalter". Leute, die heute noch Wörter wie „futschikato" oder „volle Lotte" benutzen, sind eindeutig in den 80ern aufgewachsen. Diese machen zwischendurch auch mal „keinen Tanz" oder haben das Gefühl, dass ihnen die „Beine weggesemmelt" werden.

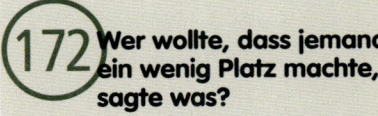

172 Wer wollte, dass jemand ein wenig Platz machte, sagte was?

a) Musst du Plätzchen machen
b) Verbummel dich!
c) Bank ist für alle da
d) Stück mal 'n Rück

173 Was war in den 80ern ein beliebter Ausdruck?

a) zum Radiergummi
b) zum Füller
c) zum Bleistift
d) zum Kugelschreiber

174 Früher ging man nicht zu einer Party, sondern zu einer …?

a) Fete
b) Hotten-Totten-Veranstaltung
c) Sause
d) Chill-out-Zone

175 Mit welchem Begriff brachten viele Jugendliche ihre Begeisterung zum Ausdruck?

a) knorke
b) spacig
c) horschig
d) kratzig

176 Seine Unlust tat man in den 80ern mit welchem Ausdruck kund?

a) Will et nit
b) Hab' keinen Bock
c) Bin unzahm
d) Kannste abblasen

177 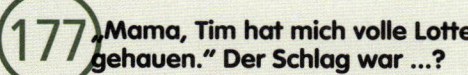 „Mama, Tim hat mich volle Lotte gehauen." Der Schlag war ...?

a) halbherzig
b) unerwartet
c) schwach
d) heftig

178 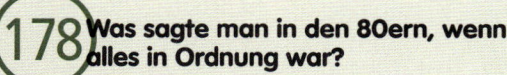 Was sagte man in den 80ern, wenn alles in Ordnung war?

a) totalo normalo
b) nix Problemo
c) Bingo!
d) alles paletti

179 War etwas dagegen total blöd, dann war es ...?

a) abstoßend
b) echt ätzend
c) abgeschottet
d) endgeil

180 Welcher Ausdruck war in den 80ern fester Bestandteil in vielen Witzen?

a) Treffen sich zwei ...
b) klopf, klopf
c) Hattu Möhrchen?
d) deine Mutter

181 Sogenannte Alle-Kinder-Sprüche waren unter Jugendlichen sehr beliebt. Wie geht der Spruch „Alle rennen aus dem brennenden Haus, nur nicht Klaus..." weiter?

a) „der guckt raus"
b) „der fängt 'ne Maus"
c) „der trifft sich mit Klaus"
d) „der sucht 'ne Laus"

182 Wenn etwas „futschikato" war, dann war es …?

a) erstaunlich
b) winzig klein
c) monströs
d) weg

183 Welches Wort wurde gern zu Steigerungszwecken vor viele Adjektive gesetzt?

a) urst
b) kantig
c) populär
d) kultig

185 Wofür stand „Es hat mir die Beine weggesemmelt"?

a) sich alt fühlen
b) sich erschrecken
c) krank sein
d) schwach sein

184 Was bedeutete „Mach hier keinen Tanz"?

a) Mach hier keinen Dreck.
b) Mach hier keinen Unsinn.
c) Mach hier keinen Lauten.
d) Mach hier keinen auf schlau.

186 Wer über nichts Bescheid wusste, der hatte …?

a) falschen Input
b) keinen Plan
c) verkehrte Polungen
d) marode Informationen

SPORT

1980 wurden deutsche Fußballträume wahr: Die Nationalmannschaft der Bundesrepublik gewann die Europameisterschaft in Italien. Die Frauen standen den Männern in nichts nach und sicherten sich 1989 zum ersten Mal den Titel. Boris Becker und Steffi Graf dominierten den Tennissport wie keine anderen. An ihnen war in den 80ern kein Vorbeikommen. Gleiches galt für Walter Röhrl, der zum ersten Mal die Rallye Monte Carlo für sich entscheiden konnte. Ayrton Senna ließ gleich dreimal in der Formel 1 seine Konkurrenten hinter sich. Für spannende Momente bei den Olympischen Spielen sorgte Katarina Witt, die für die DDR startend im Eiskunstlauf zwei Goldmedaillen mit nach Hause nehmen konnte. Auch Heike Drechsler ließ ihren Gegnerinnen im Weitsprung besonders bei Europameisterschaften keine Chance. Immer neue Rekorde im Zehnkampf stellte Jürgen Hingsen auf, der seine Bestleistung in den 80ern gleich mehrfach steigern konnte. Als erster Deutscher gewann der Golfer Bernhard Langer die US-Masters.

187 Wer trainierte die deutsche Nationalmannschaft, die 1980 die Europameisterschaft gewann?

a) Franz Beckenbauer
b) Jupp Derwall
c) Helmut Schön
d) Jupp Heynckes

188 1985 gewann Boris Becker als jüngster Teilnehmer Wimbledon. Wie wird einer seiner Spielzüge genannt?

a) Becker-Partitur
b) Becker-Jump
c) Becker-Hecht
d) Becker-Verblendung

189 Welcher für die DDR startende Radprofi konnte 1988 bei den Olympischen Spielen das Straßenrennen für sich entscheiden?

a) Andreas Klöden
b) Christian Henn
c) Bernd Gröne
d) Olaf Ludwig

190 Welche Schwimmerin, die u. a. bei den Olympischen Spielen 1988 sechs Goldmedaillen gewann, gilt als erfolgreichste deutsche Starterin?

a) Kristin Otto
b) Dagmar Haase
c) Katrin Meißner
d) Daniela Hunger

191 Welcher Rennfahrer gewann 1983 als Erster den Formel-1-Weltmeistertitel mit einem Turbomotor?

192 Welchen Spitznamen trug Ayrton Senna?

193 Auf welchem Auto gewann der deutsche Rennfahrer Walter Röhrl 1980 die Rallye Monte Carlo?

a) Audi Quattro A2
b) Porsche 911 Carrera
c) Fiat 131 Abarth
d) Opel Ascona 400

194 1988 gewann Steffi Graf den Golden Slam. Aus welchen Turniersiegen setzt er sich zusammen?

a) Olympische Spiele und Wimbledon
b) US Open und Australian Open
c) Wimbledon und French Open
d) Grand-Slam-Turniere und Olympische Spiele

195 Keke Rosberg gewann 1982 den Formel-1-Weltmeistertiel. Was war das Besondere an seinem Triumph?

a) ältester Fahrer
b) nur ein Saisonsieg
c) nachträgliche Aberkennung
d) nur 60 % Sehfähigkeit

196 Die DDR-Sportlerin Heike Drechsler ist vor allem für ihre Olympiasiege im Weitsprung bekannt. In welcher Disziplin wurde sie 1986 Europameisterin?

a) Sprint
b) Diskuswurf
c) Stabhochsprung
d) Synchronspringen

197 Welche Prämie erhielten die Sportlerinnen der deutschen Nationalmannschaft für ihren Sieg bei den Europameisterschaften 1989?

a) Cocktailkleid
b) Kaffeeservice
c) Fön-Set
d) Topf-Set

198 Mit wem lieferte sich der deutsche Zehnkämpfer Jürgen Hingsen in den 80ern packende Wettkämpfe?

a) Bruce Jenner
b) Daley Thompson
c) Dan O'Brien
d) Torsten Voss

199 In der Saison 1983/84 gewann Jens Weißflog zum ersten Mal die Vierschanzentournee. Welchen Wettkampf schloss er nicht als Erster ab?

a) Bischofshofen
b) Innsbruck
c) Garmisch-Partenkirchen
d) Oberstdorf

200 1984 und 1988 triumphierte Katarina Witt bei den Olympischen Spielen. Zu welcher Oper lief sie 1988 die Kür?

a) *Figaros Hochzeit*
b) *La Traviata*
c) *Carmen*
d) *Xerxes*

201 Eberhard Gienger wurde 1981 zum dritten Mal Europameister am Reck. Für welche Partei ist er seit 2002 Mitglied des Bundestages?

a) CDU
b) SPD
c) FDP
d) Bündnis 90/Die Grünen

202 1985 sicherte sich Bernhard Langer als erster deutscher Golfer die US Masters. Mit welchem Spitznamen bedachten ihn seine Konkurrenten?

a) „German Beton"
b) „Mister Consistency"
c) „Big Spender"
d) „Mister Slowhand"

LEBENSMITTEL

Die 80er können wahrlich als ein süßes Jahrzehnt bezeichnet werden: Eis am Stiel gab es in Hülle und Fülle. Man hatte die Auswahl zwischen Nogger Choc, Ed von Schleck, Flutschfinger, Domino, Bum Bum und gefühlten tausend anderen Sorten. Dabei konnte das Karamell nicht hart genug und die Schokolade nicht zart genug sein. Einen kleinen Zuckerflash erlebte man auch dank der Bazooka-Kaugummis oder des aufregenden Knisterpulvers, das im Mund herrlich prickelte. Für ein paar Pfund mehr auf den Rippen sorgte die italienische Nachspeise Tiramisu, die in den 80ern in vielen deutschen Haushalten Einzug hielt. Diejenigen, die der Meinung waren, eine Kalorienbombe am Tag reiche, griffen anschließend statt zur Coca-Cola zur neu eingeführten Cola Light oder aßen einen leichten Tomate-Mozzarella-Salat. Sollte es dagegen ein alkoholhaltiges Getränk sein, dann durfte es gern eine Schlammbowle oder ein bisschen Persico sein. Auf Partys kam in den 80ern bei den Gästen eine Mitternachtssuppe immer gut an.

203 Ed von Schleck, Flutschfinger, Domino – die Auswahl an Eissorten war in den 80ern riesengroß. Welches Eis erinnerte von seiner Form her an einen Berg?

a) Mini Milk
b) Dolomiti
c) Brauner Bär
d) Bum Bum

204 Welche Süßigkeit gab es an jedem Kiosk zu kaufen?

a) Jelly Monsters
b) Cupcakes
c) süß-salzige Minibrezeln
d) Lutschmuscheln

205 In welcher Farbe leuchteten die Bazooka-Kaugummis?

a) Gelb
b) Blau
c) Pink
d) Grün

206 Wozu griffen viele Erwachsene beim Fernsehgucken?

a) Chipsletten
b) Blizz-Eis
c) Push-Pop-Lutscher
d) Bärenmarke Schüttelshake

207 Was war auf der Verpackung von Knisterpulver zu sehen, das später zu einer Kaugummikugel wurde?

a) Eisbär
b) Außerirdischer
c) Dackel
d) Indianer

208 Durch welchen Slogan wurde das Eis Nogger Choc beworben, das 1986 eingeführt wurde?

a) „Nogger Choc – alles top"
b) „Nogger dir einen"
c) „Schoko ist ein Muss"
d) „Dieses Eis ist besonders heiß"

209 Die Süßspeise Tiramisu erfreute sich in den 80ern großer Beliebtheit. Was ist nicht Bestandteil des Desserts?

a) Panna Cotta
b) Mascarpone
c) Espresso
d) Löffelbiskuit

211 Worum handelte es sich bei dem Getränk „Keller Geister"?

a) Getränkesirup
b) Bier
c) Limonade
d) Perlwein

210 Wie wird der Vorspeisensalat bezeichnet, der aus Tomate mit Mozzarella sowie Basilikum und Olivenöl besteht?

a) Bruschetta
b) Tramezzini
c) Caprese
d) Minestrone

212 1983 wurde die Cola Light in Deutschland eingeführt. Welche Geschmacksrichtung war nie Teil des deutschen Coca-Cola-Sortiments?

a) Coca-Cola Blāk
b) Coca-Cola Vanilla
c) Coca-Cola Cherry
d) Coca-Cola Zero

213 Was hatte so manches Kind im Mundwinkel?

a) Schokoladen-Lutscher
b) Schokoladen-Schnupftabak
c) Schokoladen-Zigarette
d) Schokoladen-Pfeife

! Die Süßigkeit gab es auch in einer Kaugummivariante.

214 Was wurde gern zur Mitternachtssuppe gereicht?

a) Bullenaugen
b) Wagenräder
c) Speckkügelchen
d) Katzenkrallen

215 Wonach schmeckte der Likör Persico, der in den 80ern gern getrunken wurde?

a) Kirsche
b) Apfel
c) Erdbeere
d) Birne

216 Wovon konnten Kinder nicht genug bekommen?

a) Schaumzuckerwaffeln mit Minze
b) Kaugummi mit Schokogeschmack
c) Chili-Drops
d) Puffreis

1b) *Wish You Were Here*

In den 70ern wechselte Pink Floyd vom Psychedelic Rock hin zum Progressive Rock. Die beiden Welthits *Wish You Were Here* (1975) und *Shine On You Crazy Diamond* (1975) widmeten sie ihrem ehemaligen Frontmann Syd Barrett (1946–2006), der die Band 1968 wegen psychischer Probleme verlassen musste. Für ihr Doppelalbum *The Wall*, das sie erstmals 1980 auf der Bühne präsentierten, ließen sich Pink Floyd eine gewaltige Bühnenshow einfallen. Sämtliche Elemente wurden von einer riesigen Marionette überragt.

Roger Waters, Gründungsmitglied von Pink Floyd

2a) Luxemburg

Insgesamt 161 Punkte konnte Nicole (* 1964) beim Eurovision Song Contest 1982 sammeln. Damit reichte es locker zum Sieg, da das zweitplatzierte Land, Israel, mit 100 Punkten weit abgeschlagen war. Ralph Siegel (* 1945) hatte der 17-Jährigen das Lied *Ein bisschen Frieden* auf den Leib geschrieben. Mit dunklem Kleidchen und weißer Gitarre sang sie von einer besseren Welt und erreichte mit ihrer Botschaft zahlreiche Zuschauer. Sie bekam neunmal die Höchstpunktzahl zugesprochen, nur Luxemburg hielt sich zurück. In vielen Ländern kletterte das Lied auf Platz 1 der Charts.

3d) Paul McCartney

Michael Jacksons Album *Thriller* wurde bisher mehr als 110 Millionen Mal verkauft. Kein Album hat es auf mehr Verkäufe geschafft. Auf der Platte befinden sich Hits wie *Billie Jean*, *Beat It*, *Thriller* und *The Girl is Mine*. Mit der Single *Beat It* avancierte der Moonwalk zum Markenzeichen von Michael Jackson (1958–2009). Das aufwendig inszenierte Video zu *Thriller* ging in die Musikgeschichte ein. In mehreren Ländern wurde es erst zu später Stunde gesendet.

4b) Die Roten Rosen

Die Toten Hosen sind seit 1982 aus der deutschen Punk-Rock-Szene nicht mehr wegzudenken. Sänger Campino und seine Kollegen sorgen auch nach über 30 Jahren immer noch für volle Stadien. Zu ihrem großen Erfolg haben u. a. die Partylieder *Eisgekühlter Bommerlunder* (1983), *Hier kommt Alex* (1988) und *Zehn kleine Jägermeister* (1996) beigetragen. 1987 veröffentlichten sie die Platte *Never Mind The Hosen – Here's Die Roten Rosen*, für die sie deutsche Schlager in einer Rockversion neu einspielten. Nicht nur in Deutschland haben Die Toten Hosen eine riesige Fangemeinde, sondern auch in Argentinien.

5c) Axl Rose

Die 80er waren das Erfolgsjahrzehnt für Guns N' Roses. *Welcome to the Jungle* (1988) verhalf der Band nach anfänglichen Startschwierigkeiten zum Durchbruch. Ihr Album *Appetite for Destruction* stieg bis auf den 1. Platz der Charts. Es folgten Hits wie *Sweet Child o' Mine, Paradise City, November Rain* und *Knockin' on Heaven's Door*. Mitte der 90er kam es zu personellen Umbrüchen, da die Mitglieder untereinander zerstritten waren. An die alten Erfolge konnten Guns N' Roses nicht mehr anknüpfen. Neben Axl Rose (* 1962)

zählt Gitarrist Slash (* 1965), der immer mit langer Mähne und Zylinder auftritt, zu den bekanntesten Bandmitgliedern.

6d) Hungersnot in Afrika

Initiator Bob Geldof (* 1951) konnte für sein Benefizkonzert Live Aid, mit dem Gelder für die hungernden Menschen in Äthiopien gesammelt werden sollte, zahlreiche Musiker gewinnen. Auf der Bühne standen u. a. Queen, Elton John, Tina Turner, Bob Dylan und Paul McCartney.

7c) Her Majesty's Theatre

Das Phantom der Oper erzählt die Geschichte eines entstellten Mannes, der im Kellergewölbe einer Oper haust. Er verliebt sich in das Chormädchen Christine. Er droht den Direktoren, dass Christine die Hauptrolle in der neuen Oper erhalten solle, sonst werde er für ein Unglück sorgen. Zudem stellt er Christine vor die Wahl, sich für die Freiheit und gegen ihren Verlobten zu entscheiden oder genau die entgegengesetzte Wahl zu treffen. Am Ende schenkt er jedoch beiden die Freiheit. Das Musical basiert auf dem gleichnamigen Roman von Gaston Leroux.

8b) Dr. Motte

Anfänglich fand die Loveparade nur als kleiner Straßenumzug statt. Nur eingefleischte Technofans wussten von der Veranstaltung. Im Laufe der Jahre entwickelte sich die Party zu einer Massenveranstaltung, zu der auch Musikliebhaber aus Asien und Amerika anreisten. Auf den Wagen, die durch die Straßen zogen, legten die bekanntesten DJs der Welt auf. 2006 war in Berlin Schluss. Bereits die beiden Jahre zuvor war der Umzug wegen Geldmangels ausgefallen. Neuer Veranstaltungsort wurden verschiedene Städte im Ruhrgebiet. Im Anschluss an

das tragischen Unglück von Duisburg, bei dem 21 Tote zu beklagen waren, wurde die Loveparade 2010 zu den Akten gelegt.

9a) New Romantic

Die Musikrichtung New Wave entwickelte sich in den 70ern aus dem Punk heraus und erlebte ihre Blüte in den 80ern. New-Wave-Bands wie Joy Division und The Cure strahlten meist Kühle und Distanziertheit aus. Viele Sänger setzten besonders auf schwarze Kleidung und auffälliges Augen-Make-up.

Robert James Smith, Sänger und Gitarrist von The Cure

10c) Nicki

Die Neue Deutsche Welle war ursprünglich eine Bewegung des Untergrunds. Sie galt als deutsche Antwort auf den Punk und den New Wave in Großbritannien. So wird z. B. die Rockgruppe Fehlfarben ebenfalls innerhalb dieser Kategorie geführt. Erst später gesellten sich Musiker wie Nena, Peter Schilling, Hubert Kah und Fräulein Menke dazu, die der Musikrichtung einen neuen Anstrich gaben. Die Künstler sangen hauptsächlich deutsch. Einzig für den ausländischen Markt nahmen sie manchmal Titel in englischer Sprache auf.

11b) französisches Modemagazin

Der Synthesizer spielt in den Stücken von Depeche Mode eine wichtige Rolle. Mit ihrem Synthie Pop erreichten die Künstler Millionen Fans, ihre Alben verkauften sich bisher über 100 Millionen Mal. Mit *People are People* (1984) erlebte die Band seinen großen Durchbruch. Die 1988 abgehaltene Welttournee gilt als ihre beste. Doch der Erfolg hatte auch seine Schattenseiten: Frontmann Dave Gahan (* 1962) war Mitte der 90er Jahre lange drogenabhängig und versuchte mehrmals, sich das Leben zu nehmen.

12d) Boy George

Von männlicher Kleidung und gesittetem Aussehen hält Boy George (* 1961) auch in fortgeschrittenem Alter noch nicht viel. Mit dickem Kajalstrich und bunten Oberteilen ist er noch genauso schrill und extravagant unterwegs, wie er es als Sänger von Culture Club in den 80ern war. *Do You Really Want to Hurt Me* wurde 1982 in Großbritannien der erste Nummer-eins-Hit von Culture Club. Mit *Karma Chameleon* (1983) setzten sie noch eins drauf, die Single wurde auch in den USA ein großer Erfolg.

13c) *Always on My Mind*

Die Pet Shop Boys setzen sich zusammen aus Neil Tennant (* 1954) und Chris Lowe (* 1959). Sie sind eines der erfolgreichsten Künstlerduos Großbritanniens und haben Millionen Exemplare von *West End Girls* (1985), *It's a Sin* (1987) und *Always on My Mind* (1987) verkauft. 1993 nahmen sie den Klassiker *Go West* – die Fußballhymne schlechthin – neu auf und präsentierten ihn in einer Danceversion. Für die australische Sängerin Kylie Minogue schrieben sie das Stück *Falling* (1994), Tina Turner und David Bowie versorgten sie ebenfalls mit musikalischem Material.

14a) Alphaville

Die Band aus Münster ist eine der wenigen deutschen Gruppen, die auch in den USA Beachtung fanden. Ihr Titel *Forever Young* aus dem Jahr 1984 wird auch heute noch in vielen amerikanischen Filmen und Serien eingesetzt. Zuvor hatten Alphaville bereits mit *Big in Japan,* das u. a. sogar in Venezuela auf Platz 1 stand, für Furore gesorgt. Für den Film *Der Bulle und das Mädchen* mit Jürgen Prochnow (* 1941) und Annette von Klier (* 1963) in den Hauptrollen steuerten sie den Soundtrack bei.

15b) Uwe Fahrenkrog-Petersen

Gabriele Susanne Kerner (* 1960) scharte 1982 Uwe Fahrenkrog-Petersen (Keyboard), Carlo Karges (Gitarre) und Jürgen Dehmel (Bass) um sich und gründete die Band Nena. Als erste Single brachten sie das Lied *Nur geträumt* heraus. Ihr größter Hit aber wurde *99 Luftballons* (1983), der während der Friedensbewegung großen Anklang fand. In den US-amerikanischen Charts landete das Lied auf Platz 2, in Kanada, Australien und Mexiko sogar auf Platz 1.

16d) Apfel

Die Texte der Band Trio konnte sich jeder einprägen, bestanden sie meist doch nur aus wenigen Wörtern. Die Instrumentierung mit Gitarre, Keyboard und Schlagzeug war ebenso minimalistisch. Trotzdem wurde ihr Lied *Da Da Da*, das hauptsächlich aus diesem Wort sowie aha besteht, 1982 national und international ein Riesenerfolg. Für die britische Show *Top of the Pops* nahmen sie das Stück auch auf Englisch auf und erreichten damit zahlreiche brasilianische und kanadische Zuhörer.

17a) *Langeweile*

Mit ihren Werken versuchte die DDR-Rockband Pankow, die Bevölkerung wachzurütteln. Die Texte waren oft mit einem kritischen Ton versehen, der sich gegen die Regierung richtete. Viele ihrer Lieder fielen jedoch der Zensur zum Opfer und durften teilweise nicht veröffentlicht werden. Diese künstlerische Einschneidung versuchte die Band durch ihre Konzerte zu umgehen, bei denen sie die Lieder trotzdem spielte. Ihr Studioalbum *Kille Kille* (1983) kam erst auf Drängen der Bevölkerung zustande.

18c) Verherrlichung einer Vergewaltigung

Falco erregte im Laufe seiner Musikkarriere gleich mehrfach die Gemüter. Für positive Schlagzeilen sorgte er mit seinen Titeln *Der Kommissar* (1981) und *Rock Me Amadeus* (1985). Besonders letzteres Stück schlug weltweit ein wie eine Bombe. Es ist das einzige auf Deutsch gesungene Lied, das in den USA die Spitze der Charts erklimmen konnte. Für hitzige Diskussionen sorgte Falco (1957–98) nur wenige Monate später, als er in dem Song *Jeanny* angeblich eine Vergewaltigung verherrlichte. 1998 schaffte er mit *Out oft the Dark* ein Comeback.

19d) Mötley Crüe

Der Glam Metal zeichnete sich vor allem durch seine groß angelegten Powerballaden und die großspurigen Auftritte der Leadsänger aus. Viele von ihnen stylten sich vor den Auftritten aufwendig die lange Mähne mit viel Haarspray. Aus diesem Grund wurde die Stilrichtung von einigen auch abfällig als Hair Metal bezeichnet. Zu den bekanntesten Vertretern gehören Poison mit dem Sänger Bret Michaels und die Band Mötley Crüe, für die Tommy Lee sich hinters Schlagzeug setzte.

Vince Neil, Sänger der Band Mötley Crüe

20a) Mütze

Mit *Rock You Like a Hurricane* (1984), *Wind of Change* (1991) und *Send Me an Angel* (1991) schrieben die Scorpions Musikgeschichte. Besonders mit *Wind of Change*, das zunächst nur auf dem 1990 veröffentlichten Album *Crazy World* erschienen war, fingen die Musiker um Sänger Klaus Meine (* 1948) den Zeitgeist, der nach dem Mauerfall auf beiden Seiten herrschte, perfekt ein. Die Rockballade wird daher auch gern als „Hymne der Wende" bezeichnet. Mit dem Tenor José Carreras (* 1946) nahm Meine 2001 eine neue Version des weltweiten Klassikers auf.

21c) Spirit – Der wilde Mustang

Bryan Adams ist bekannt für seine Rockballaden, die sowohl stadien- als auch radiotauglich sind. Den Grundstein für seine internationale Karriere legte er 1983 mit dem Album *Cuts Like a Knife*. Mit *Heaven* belegte er in den USA zum ersten Mal Platz 1 der Charts, *Summer of '69* war ähnlich erfolgreich. Seinen größten Erfolg erzielte Adams mit zwei Filmsongs: *(Everything I Do) I Do It for You* (*Robin Hood*) sowie *Have You Ever Really Loved a Woman* (*Don Juan DeMarco*). 2011 erhielt er einen Stern auf dem Walk of Fame.

22b) *3 weiße Tauben*

Der Ersten Allgemeinen Verunsicherung haftete stets das Image einer Ulkband an. Ihre Texte, für die sich Gitarrist Thomas Spitzer (* 1953) verantwortlich zeigt, konnte man nie so ganz ernst nehmen, so auch bei *Ba-Ba-Banküberfall* (1985) oder *Fata Morgana* (1986). Für einen Skandal sorgte ihr Lied *Burli* (1988), bei welchem sie beschuldigt wurden, sich über Behinderte lustig zu machen. Zum Streit kam es auch mit dem österreichischen Bundespräsidenten Kurt Waldheim (1918–2007), dessen NS-Vergangenheit sie in ihrem Lied *Wann man gehn muss* (1988) thematisierten.

23c) Prince

Purple Rain ist das Stichwort, mit dem Prince (* 1958) zu allererst in Verbindung gebracht wird. 1984 brachte der Musiker das Album heraus, das 24 Wochen auf dem obersten Rang der US-Charts verharrte. Zudem wurde es mit Preisen überhäuft. Prince wurde mit einem Oscar sowie zwei Grammys ausgezeichnet. Seit 2004 ist er Teil der Rock and Roll Hall of Fame. 1993–2000 war der US-Amerikaner quasi namenlos, da er einen Streit mit seiner Plattenfirma nicht beilegen konnte.

24d) Palast der Republik

1982 fand erstmalig das Musikfestival „Rock für den Frieden" im Palast der Republik statt. Auf der Veranstaltung, die 1987 endete, waren sowohl Interpreten aus der DDR als auch aus der Bundesrepublik vertreten. Silly, City, Puhdys, Udo Lindenberg sowie zahlreiche Sänger und Bands aus dem Ausland fanden sich auf dem Festival ein. Das Jahr 1984 wurde überschattet durch einen Eklat, den die Gruppe BAP ausgelöst hatte. Weil sie ein Stück nicht streichen wollten, reisten sie vor Veranstaltungsbeginn wieder ab.

25a) Peter Maffay

Der Sieg beim Internationalen Schlagerfestival im Jahr 1978 bedeutete für die 1975 gegründete Band Karat den endgültigen Durchbruch. Zuvor hatte die Rockgruppe bereits einige Stücke veröffentlicht, die eher mittelmäßigen Erfolg hatten. Die beiden Titel *Rock für den Frieden* und *Über sieben Brücken musst du gehen* sicherten ihnen den Sieg. Ihr Erfolg ermöglichte es ihnen, 1979 auch in Westberlin Konzerte zu geben. Im bundesdeutschen Fernsehen durften sie anfänglich trotzdem nicht auftreten. Peter Maffay (* 1949) coverte 1980 erfolgreich *Über sieben Brücken musst du gehen,* das er 1990 mit Karat gemeinsam im Duett sang.

26c) Sony

Der Begriff „Walkman" ist eigentlich ein Markenname von Sony, der inzwischen aber synonym für den in den 80ern beliebten Rekorder benutzt wird. Dank der neuen technischen Erfindung wurde es möglich, auch unterwegs Musik per Kassette abzuspielen. Die Aufnahme von Musiktapes für die Liebste avancierte bald unter Jugendlichen zu einem neuen Volkssport. Wer in den 80ern einen Walkman besaß, der galt unter seinen Schulkollegen als cool. Schließlich galt der Walkman als Statussymbol.

27b) keine Kreisform

Die Schallplatte hatte in den 80ern ausgedient, die CD übernahm allmählich die Vormachtstellung. Sie war kleiner, handlicher und konnte mehr Lieder speichern. 1981 wurde die Compact Disc auf der Funkausstellung in Berlin vorgestellt, ein Jahr danach eingeführt. Später wurde die CD-ROM entwickelt, die vor allem im Computerbereich Verwendung findet. Dort wird sie besonders zur Speicherung von Dateien eingesetzt.

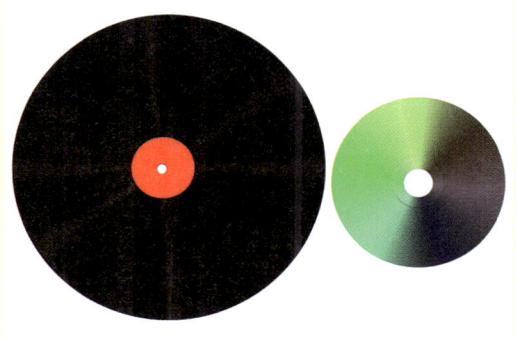

28d) Herbst in Peking

Die 1987 gegründete Band wollte sich von der DDR-Regierung nichts sagen lassen und brachte ihren Unmut gegenüber der Staatspolitik in ihren Liedern zum Ausdruck. Herbst in Peking wird zu den „anderen Bands" gezählt, die wegen ihrer Systemkritik den Politikern ein Dorn im Auge waren. Ihr Hit *Bakschischrepublik* lief besonders nach dem Fall der Mauer bei Rockfans in der Dauerschleife. Sänger Rex Joswig (* 1962) gründete 1990 mit Peking Record die erste Plattenfirma in der DDR, die unabhängig war.

29b) Westerland

Die Ärzte sind eine der erfolgreichsten, aber zugleich auch umstrittensten Bands Deutschlands. Ihr Album *Die Ärzte* steht seit 1987 auf dem Index, da das Lied *Geschwisterliebe* als jugendgefährdend eingestuft wurde. Auch *Claudia hat nen Schäferhund* und *Schlaflied* wurden indiziert. 1988 trennte sich die Band, fand aber 1993 wieder zusammen. Seitdem besteht „Die beste Band der Welt" aus Farin Urlaub, Bela B. und Rod González. Mit sieben Studioalben standen sie an der Spitze der Charts, daraus konnten sich die Lieder *Ein Schwein namens Männer* (1998),

Junge (2007) und *Unrockbar* (2003) ebenfalls auf Platz 1 behaupten.

30a) Nora

Von vielen wegen ihrer einfachen Melodien und Texte belächelt, schafften es Thomas Anders (* 1963) und Dieter Bohlen (* 1954) trotzdem zwischen 1984 und 1987, sowie 1998–2003, Millionen Platten zu verkaufen. Neben ihrer Musik sorgten sie mit ihren Outfits für Aufsehen. Während Anders gern eine Goldkette mit dem Namen seiner damaligen Ehefrau um den Hals trug und sich das Haar lang wachsen ließ, setzte Bohlen auf die Vokuhila-Frisur.

31a) Grizabella

Andrew Lloyd Webber (* 1948) ließ sich beim Komponieren des Musicals *Cats* von den Gedichten T. S. Eliots (1888–1965) inspirieren. Das bekannteste Stück, *Memory*, wurde hingegen von Trevor Nunn (* 1940) gedichtet. Das Musical lief rund 21 Jahre am Londoner West End. Zur Erstbesetzung gehörten die heutigen Weltstars Elaine Paige (* 1948) und Sarah Brightman (* 1960).

U2-Sänger Bono bei Jose Manuel Barroso

32d) Aung San Suu Kyi

Die irische Rockband U2 besteht aus Bono (Leadsänger), The Edge (Gitarrist), Adam Clayton (Bassist) und Larry Mullenjunior (Schlagzeug). International mit Singles wie *I Still Haven't Found What I'm Looking For* (1987), *Desire* (1988) und *All I Want Is You* (1989) erfolgreich, nutzen U2 ihre Popularität, um sich sozial und politisch für andere einzusetzen. Besonders Bono trifft sich mit zahlreichen Politikern, um auf die Missstände in der Welt aufmerksam zu machen. Unterstützt werden die Musiker durch ihre Zuversicht in den christlichen Glauben. Dieser durchzieht auch viele ihrer Texte.

33c) grüner Elefant

Silly machten reichlich Gebrauch vom sogenannten grünen Elefanten. Dafür spickten sie ihre Lieder mit politischen Anspielungen, von denen sie mit Sicherheit ausgehen konnten, dass diese von der Zensurstelle gestrichen wurden. Direkt dahinter platzierten sie weitere Aussagen, die dann schnell übersehen wurden und durch die Zensur kamen. Ihre Lieder *Mont Klamott* (1983) und *Bataillon d'Amour* (1986) landeten weit oben in den Charts. Zunächst führte Tamara Danz (1952–96) die Band an, die Schauspielerin Anna Loos (* 1970) trat später an ihre Stelle.

34a) *Brothers in Arms*

Musikalischer Kopf der Band Dire Straits, die 1977–95 Musik machte, war Mark Knopfler (* 1949). Mit dem Album *Making Movies* (1980) machten sie zum ersten Mal auf sich aufmerksam. Die darauf enthaltene Single *Romeo and Juliet* wird heute noch gern im Radio gespielt. Der Durchbruch gelang ihnen mit dem Album *Brothers in Arms,* das sie 1985 eingespielt hatten. *Money for Nothing* und *So Far Away* avancierten in der Folgezeit zu Ohrwürmern. Die Band hat sich nie offiziell aufgelöst, die Mitglieder verfolgen aber Soloprojekte.

35d) Hochzeitskleid

Madonna, eigentlich Madonna Louise Ciccone (* 1958), ist eine der wenigen Musikerinnen, die ihren Erfolg aus den 80ern auch im neuen Jahrtausend fortsetzen konnte. Regelmäßig steht sie weiterhin in den Schlagzeilen – sei es wegen ihrer Musik, ihrer Versuche als Schauspielerin oder wegen ihrer Romanzen. Zu Madonnas frühen Hits zählen *Holiday* (1983), *Like a Virgin* (1984), *Material Girl* (1985), *La Isla Bonita* (1987) sowie *Like a Prayer* (1989), zu den neueren gehören *Frozen* (1998), *American Pie*, *Music* (beide 2000), *Hung Up* (2005) und *4 Minutes* (2008).

FILM UND FERNSEHEN

36d) wächst nicht mehr

David Bennent (* 1966) übernahm in der Literaturverfilmung *Die Blechtrommel*, die 1980 mit einem Oscar ausgezeichnet wurde, die Rolle des Protagonisten Oskar Matzerath. Der Junge ist nicht wie alle anderen. Er beschließt an seinem dritten Geburtstag, nicht mehr zu wachsen. Mit seiner Blechtrommel, die er immer mit sich trägt, treibt er alle in den Wahnsinn. Mithilfe der Blechtrommel bringt er seinen Protest gegenüber den unaufrichtigen Erwachsenen zum Ausdruck.

37c) Vergewaltigung

Professor Brinkmann (Klausjürgen Wussow) und sein Personal, u. a. Schwester Christa (Gaby Dohm), kümmerten sich ab 1985 liebevoll um ihre Patienten in der *Schwarzwaldklinik*. Vier Jahre lang hörten sie sich die Sorgen und Nöte der Kranken an. Dabei durften Liebeleien und Streitigkeiten nicht zu kurz kommen. Besonders Sascha Hehn (* 1954) als Udo Brinkmann galt in der Serie als kleiner Frauenheld.

Sascha Hehn und Barbara Wussow

38a) Drew Barrymore

Der Film *E. T. – Der Außerirdische* war in den 80ern einer der größten Blockbuster des Jahrzehnts. Er machte Drew Barrymore (* 1975) zu einem erfolgreichen Kinderstar, der den Starruhm jedoch nicht allzu gut verkraftete. Schon früh bestimmten Alkohol und Drogen ihr Leben, erst Ende der 90er gelang ihr der endgültige Wandel zur ernst genommenen Schauspielerin. Der Film dagegen entwickelte sich von Anfang an zu einem riesigen Erfolg, das Einspielergebnis lag bei über 800 Millionen US-Dollar. Der Spruch „E. T. nach Hause telefonieren" wurde zu einem beliebten Zitat unter Filmliebhabern.

39b) *Der Himmel über Berlin*

Kurz nachdem Wim Wenders (* 1945) seinen Abschlussfilm für die Hochschule für Fernsehen und Film (München) abgedreht hatte, gründete er mit zwölf weiteren Unterstützern 1971 den Filmverlag der Autoren. Die Mitglieder wollten in Zukunft gemeinsam eigene Projekte produzieren und vertreiben. Der breiten Masse wurde Wenders mit seinem von Sam Shepard geschriebenen Film *Paris, Texas* (1984) bekannt. Sein 2011 gedrehter Film über die Tanzkünstlerin Pina Bausch wurde für einen Oscar nominiert.

40d) Klaus Kinski

Sie küssten und sie schlugen sich – so könnte man die Zusammenarbeit zwischen Werner Herzog (* 1942) und Klaus Kinski (1926–91) beschreiben. Sie stachelten sich gegenseitig zu künstlerischen Höhenflügen an, gerieten aber häufig auch in gewaltige Streitereien. Das angespannte Verhältnis verarbeitete Herzog in der Dokumentation *Mein liebster Feind* (1999). Die Beiden drehten zusammen u. a. *Nosferatu – Phantom der Nacht* (1979), *Fitzcarraldo* (1982) und *Cobra Verde* (1987). Darüber hinaus inszenierte Herzog, Teil des Neuen deutschen Films, in den 80ern verschiedene Opern.

41) Hawaii

Einen immer lässigen Eindruck hinterließ Magnum in der gleichnamigen Serie, wenn er auf Hawaii den Bösen hinterherjagte. Passend zum Drehort wandelte der Privatdetektiv immer mit Hawaiihemd und Sonnenbrille durch die Serie. Unverkennbar war Tom Selleck (* 1945) auch durch seinen dicken Schnurrbart.

42) Alligator

Sony Crokett (Don Johnson) und Ricardo Tubbs (Philip Michael Thomas) legten in *Miami Vice* (1984–89) fast schon mehr Wert auf ihr gutes Aussehen als darauf, den Verbrechern das Handwerk zu legen. Sie waren stets schick gekleidet, trugen die modernsten Anzüge und kurvten mit eleganten Sportflitzern durch die Gegend.

43c) der Alte

Der Film *Das Boot* (1981) machte Regisseur Wolfgang Petersen und zahlreiche Darsteller zu neuen Stars der Bundesrepublik. Heinz Hoenig, Klaus Wennemann, Herbert Grönemeyer, Martin Semmelrogge, Uwe Ochsenknecht und noch viele mehr sind heute etablierte deutsche Schauspieler. Der Film spielt während des Zweiten Weltkrieges und erzählt die Geschichte des U-Bootes U96.

44a) Menschen für Menschen

In der über 30-jährigen Geschichte von *Wetten, dass..?* hat es an der Moderationsfront nur wenig personellen Wechsel gegeben. Erfinder Frank Elstner führte 1981–87 durch die Abendshow, Thomas Gottschalk 1987–92 sowie 1994–2011 und Wolfgang Lippert kurzzeitig zwischen 1992 und 1993. Anfang 2012 wurde bekannt, dass Markus Lanz als neuer Showmaster engagiert wurde. 1981 wettete Karlheinz Böhm, dass noch nicht einmal ein Drittel der aktuellen Zuschauer eine Mark für die Bewohner die Sahelzone spenden würde. Er gewann die Wette und gründete daraufhin die Organisation „Menschen für Menschen".

45b) *Ödipussi*

Beliebte Sketchpartnerin von Loriot, dessen Zeichentrickfiguren unverwechselbar an ihren Knollennasen zu erkennen waren, war Evelyn Hamann (1942–2007). Mit ihr drehte er auch die Komödie *Ödipussi*, die am 10. März 1988 Premiere feierte. Der Inhaber eines Stoff- und Möbelgeschäfts, Paul Winkelmann, und die Psychologin Margarethe Tietze, kommen sich in dem Streifen erst nach langen Umwegen und in langsamen Schritten näher. Als größtes Hindernis erweist sich ihre jeweils unbedarfte Haltung gegenüber dem anderen Geschlecht. Loriot (1923–2011) hieß mit bürgerlichem Namen Bernhard-Victor Christoph Carl von Bülow.

46c) James Last

Krönender Abschluss einer jeden *Traumschiff*-Folge war stets der Einmarsch der Köche, die auf großen Tabletts das Abenddinner hereintrugen. Seit 1981 sticht der Luxusdampfer in See. Immer an Bord ist Heide Keller alias Chefhostess Beatrice von Ledebur. Die Geschichten handeln meistens von den privaten Problemen der Passagiere und der Besatzung.

47d) **Bundeslade**

Indiana Jones ist immer auf der Suche nach sagenumwobenen Reliquien. Im ersten Teil (1981) findet er die Bundeslade, im zweiten (1984) den Shankara-Stein, im dritten (1989) den Heiligen Gral, und im vierten (2008) macht er die Bekanntschaft mit einem mysteriösen Kristallschädel. Für die Filmreihe arbeiteten die Filmgenies Steven Spielberg (* 1946) und George Lucas (* 1944) eng zusammen. Spielberg übernahm die Regie, Lucas tüftelte die Drehbücher aus. Die Hauptrolle ging an Harrison Ford (* 1942), der vor dem ersten Teil durch die ersten beiden *Star Wars*-Filme zu Weltruhm gelangt war.

48a) *Tracey Ullman Show*

Die kleine gelbe Familie mit dem anarchistischen Humor, *Die Simpsons*, war 1987 zunächst nur Teil eines Kurzfilms in der *Tracey Ullman Show*. Erst zwei Jahre später schickte der Sender Fox Humor, Marge, Bart, Lisa und Maggie in Serie. Die Idee stammt von Matt Groening, die Titelmusik von Danny Elfman. 2007 schaffte es die Familie aus Springfield mit *Die Simpsons – Der Film* auch auf die Kinoleinwand. Nach dem Tod von Elisabeth Volkmann, die jahrelang Marge synchronisiert hatte, übernahm

Anke Engelke ihren Part. Im Original sowie in der deutschen Fassung wird die Figur des Bart von einer Frau gesprochen.

49c) **Baby Schimmerlos**

Helmut Dietl legte die sechsteilige Fernsehserie *Kir Royal* (1986) als eine Satire auf die *Münchner Abendzeitung* an, die vor allem für ihren Klatschreporter Michael Graeter bekannt war. Die Serie, u. a. mit Franz Xaver Kroetz, Senta Berger und Dieter Hildebrandt in den Hauptrollen, erhielt zweimal den Adolf-Grimme-Preis in Gold.

50d) Wassermelone

1987 tanzte jeder zu Bill Medleys und Jennifer Warnes' Duett *(I've Had) The Time of My Life*. Die Titelmelodie aus *Dirty Dancing* gewann ein Jahr später den Oscar als bester Song. Nicht nur Frances „Baby" Houseman (Jennifer Grey) verfiel ihrem Tanzlehrer Johnny Castle. Patrick Swayze avancierte zu einem neuen Teenieschwarm. *Dirty Dancing 2* (2004) ist zwar keine offizielle Fortsetzung, dennoch hatte Swayze einen kurzen Gastauftritt.

51b) gleichgeschlechtlicher Kuss

Die *Lindenstraße* ist die älteste und am längsten ausgestrahlte Seifenoper in Deutschland. Große Bekanntheit erlangten Mutter Beimer (Marie-Luise-Marjan) und Else Kling (Annemarie Wendl). Auch Til Schweiger startete seine Schauspielkarriere in der *Lindenstraße*. Georg Uecker tauschte mit Günter Barton 1987 den ersten gleichgeschlechtlichen Kuss aus. Sein zweiter Kuss im Jahr 1990 mit Martin Armknecht zog eine riesige Protestwelle nach sich.

52) Weinanbau

Angela Gioberti Channing (Jane Wyman) herrschte uneingeschränkt in der Serie *Falcon Crest*. Sie hielt streng alle Fäden in der Hand. Ihr war alles recht, um den Weinanbau der Familie voranzutreiben und ihre Konkurrenten aus dem Weg zu räumen. Die Soap lockte neun Jahre lang (1981–90) zahlreiche bekannte Gastdarsteller, u. a. Morgan Fairchild und Ursula Andress, an.

53) „Das Biest"

Während in der ARD erfolgreich die Serie *Dallas* (1978–91) lief, setzte das ZDF auf den *Denver-Clan* (1981–89). Auch hier drehte sich alles ums Ölgeschäft. Für zahlreiche Intrigen sorgte Joan Collins, die als Alexis Colby nichts unversucht ließ, um sich an ihrem Exmann zu rächen.

54c) *Drei Haselnüsse für Aschenbrödel*

Rolf Hoppe (* 1930) verkörperte in *Drei Haselnüsse für Aschenbrödel* (1973) den König, der seinen Sohn dazu zwingt, sich endlich eine Braut auszusuchen. Zuvor war der Deutsche bereits in zahlreichen DDR-Filmen zu sehen gewesen. Acht Jahre später gelang ihm der internationale Durchbruch: Für seine Darstellung von Hermann Göring in dem oscarprämierten Film *Mephisto* wurde er mit Lobpreisungen übergossen. Darüber hinaus war Hoppe, der mit dem Nationalpreis der DDR (1971) und dem Adolf-Grimme-Preis (1998) ausgezeichnet wurde, auch als Hörbuchsprecher aktiv.

55c) Colleen McCullough

Der Mehrteiler *Die Dornenvögel* erzählt die unerlaubte Liebe zwischen dem katholischen Pater Ralph de Bricassart (Richard Chamberlain) und der verheirateten Meggie Cleary (Rachel Ward). Für Meggie, die er seit ihrer Kindheit kennt, bricht der Pater einmalig sein Zölibat. Diese bringt anschließend einen Sohn zur Welt, den sie aber lange Zeit vor ihm verschweigt. Trotz der Liebe zu Meggie kann sich Ralph de Bricassart nie vollständig von seinem Glauben lösen. Dieser Zwiespalt zieht sich über die gesamten Folgen. *Dornenvögel – Die fehlenden Jahre* (1995–96) bildet die Fortsetzung.

56b) Teasy

Die Sendung *Formel Eins*, die ab 1983 in der ARD ausgestrahlt wurde, war ein Mix aus Musikclips und Livemusik. Die Moderation übernahmen Peter Illmann (1983–84), Ingolf Lück (1985), Stefanie Tücking (1986–87) sowie Kai Böcking (1988–90). Vor jeder Sendung wurde ein rosafarbener Studebaker Starlight im Vorspann gezeigt, der schnell zum Markenzeichen der Show wurde.

57a) Trachtengruppe

Duisburg war sein Arbeitsort, das Wort „Scheiße" sein liebster Ausdruck, die Kneipe seine Heimat: Mit seiner raubeinigen Art eckte Horst Schimanski (Götz George) immer wieder bei seinen Vorgesetzten an. Schimi und seine *Tatort*-Kollegen Christian Tanner (Eberhard Feik) und Hänschen (Chiem van Houweninge) zählen zu den beliebtesten Ermittlern im deutschen Fernsehen.

Götz George und Eberhard Feik

58) „Ich liebe es, wenn ein Plan funktioniert."

Das A-Team setzte sich zusammen aus Hannibal (George Peppard), Face (Dirk Benedict), Murdoch (Dwight Schultz) und B. A. (Mr. T). Die Deutschen kamen erst in den Genuss der Abenteuerserie, als sie in den USA fast schon wieder zu Ende war. Dort lief sie 1983–87, in der Bundesrepublik startete sie erst 1987.

59) Knight Industries Two Thousand

Das sprechende Auto K. I. T. T. lief in der Serie *Knight Rider* (1982–86) dem Hauptdarsteller David Hasselhoff fast den Rang ab. Der mit künstlicher Intelligenz versehene Wagen konnte eigenständig beschleunigen und flog in den Augen der Zuschauer fast meterhoch über vor ihm stehende Pkws.

60c) Orry Main und George Hazard

Der Konflikt zwischen den Nord- und Südstaaten während des Sezessionskriegs (1861–65) steht in dem Mehrteiler *Fackeln im Sturm* (1985–86) im Mittelpunkt. Hinsichtlich der Sklavenfrage kommt es immer wieder zum Streit zwischen dem Südstaatler Orry Main (Patrick Swayze) und dem Nordstaatler George Hazard (James Read), die eine tiefe Freundschaft verbindet. Zu allem Überfluss verliebt sich Orry auch noch in Madeline Fabray, die von ihrem Ehemann geschlagen wird.

61b) Maren Gilzer

Ihren Ursprung hat die Spielshow *Glücks-rad* in den USA. Dort ist sie unter dem Namen *Wheel of Fortune* bekannt. Das Prinzip der Sendung ist recht einfach: Der Kandidat dreht an einem riesigen Rad, das in mehrere Felder eingeteilt ist. Anschließend rät er einen Buchstaben und erhält den Betrag, der auf dem Glücksrad angezeigt wird, gutgeschrieben, sofern er im gesuchten Lösungswort auftaucht. Von seinem erspielten Gewinn konnte sich der Kandidat einen Sachpreis kaufen. Die Sendung lief in Deutschland zwischen 1988 und 1998, in den USA ist sie weiterhin auf den Bildschirmen präsent.

62a) Brettsegeln

Henry Hübchen (* 1947) verlässt sich nicht nur auf sein Talent als Schauspieler. Der in Berlin-Charlottenburg geborene Künstler schrieb z. B. das Lied *Casablanca* für die Band City. Außerdem sicherte er sich zweimal den DDR-Meister-Titel im Brettsegeln, das heute eher unter dem Begriff Windsurfen bekannt ist. Kommissare haben es Hübchen anscheinend angetan. Seit 1972 spielte er in mehreren *Polizeiruf-110*-Folgen, seit 2005 ermittelt er zusätzlich als Commissario Laurenti in der gleichnamigen Krimireihe.

63d) „Jetzt kommt ja eh nichts mehr, also abschalten!"

Peter Lustig ohne seinen Bauwagen – undenkbar. Für viele erscheint es fast schon unglaubwürdig, dass der umweltbewusste Mann mit der kleinen runden Brille in der Vorgängerserie *Pusteblume* (1979) mal in einem Haus gelebt haben soll. 1981 zog es ihn im Rahmen der Sendung *Löwenzahn* schließlich in die freie Natur. Direkt nebenan wohnte Herr Paschulke, mit dessen Ansichten sich Peter Lustig nur selten anfreunden konnte.

64c) Schulterpolster

Heutzutage schütteln viele Jugendliche nur ungläubig den Kopf, wenn sie die Fotos ihrer Eltern sehen, die viel zu große Jacketts mit überdimensionalen Schulterpolstern trugen. Was heute meist nur Gelächter hervorruft, war in den 80ern das modische Highlight. Es gab kaum ein Oberbekleidungsstück, das nicht mit Schulterpolstern ausgestattet war und somit eine vollgeformte Schulterpartie und ein breites Kreuz suggerieren sollte. Bereits in den 30ern war die Mode besonders bei Frauen sehr beliebt gewesen.

65d) Rudi Völler

Dank „Tante Käthe" wusste auch jeder männliche Modemuffel etwas mit dem Begriff Minipli anzufangen. Rudi Völlers kurze Löckchen kringelten sich wie wild um sein Oberhaupt und erinnerten so manchen Zuschauer an die brave Lockenfrisur ihrer Tante Käthe. Der blonde Minipli, den Völler auch gern in der Vokuhila-Variante trug, ist inzwischen einer grauen Welle gewichen. Die kleinen Locken entstehen in der Regel auf künstlichem Wege. Die Haare werden hierfür mit Chemikalien behandelt. Bekannter Minipli-Träger ist auch der Sänger Lionel Richie (* 1949).

66c) Vokuhila

Vokuhila = Vorne kurz, hinten lang. Männer ließen sich in den 80ern die Haare hinten lang wachsen und vorn recht kurz schneiden. Besonders unter Manta-Fahrern war die Frisur sehr beliebt. Die hintere Partie wird daher auch gern mit den Begriffen Manta-Matte oder Nackenspoiler tituliert. Dazu trugen viele einen markanten Oberlippenbart. Diese Variante wurde dann vielfach als Vokuhila-Oliba bezeichnet. Richard Dean Anderson machte den Look in der Serie *MacGyver* (1985–92) fernsehtauglich.

67d) Meckifrisur

Namenspate für die Frisur stand der Igel Mecki, der 1949 zum ersten Mal auf dem Titelblatt der Zeitschrift *Hörzu* abgebildet war. Der Kurzhaarschnitt erinnert an die Stacheln des kleinen Säugetiers. Die Deutschen schauten sich in der Nachkriegszeit den Look bei US-amerikanischen GIs ab, die in der Bundesrepublik stationiert waren. In der Regel sind alle Haare gleich lang – meist nur wenige Zentimeter oder Millimeter. Viele ließen sich in den 80ern zusätzlich ein sogenanntes Rattenschwänzchen wachsen und trugen zu den kurzen Haaren einen länglichen Pony.

68c) Röhrenjeans

Statt der breiten Schlaghose in den 70ern wandelte sich die Hosenform in den 80ern in das genaue Gegenteil: Die Hosenbeine lagen sehr eng an. Übertroffen werden Röhrenjeans nur noch von Skinny Jeans, die wie eine zweite Haut sitzen und an den Füßen ebenfalls eng sind. Männer, vor allem Popper, trugen eher Jeans im Karottenschnitt. Diese boten unterhalb des Gesäßes viel Raum, wurden aber ab den Oberschenkeln immer enger. Die Karottenjeans können als Vorreiter der Baggyjeans bezeichnet werden, die zu Beginn des neuen Jahrtausends gern von Rappern und hierzulande auch von vielen männlichen Jugendlichen getragen wurden. Vor einigen Jahren hat die Röhrenjeans – dieses Mal aber ausschließlich bei Frauen – ein Revival erlebt.

Igel Mecki und seine Frau von der Firma Steiff

69b) Sakko mit Karomuster

Vielen konnte ihr Sakko in den 80ern nicht bunt genug sein. Andere dagegen trugen lieber Pastelltöne und dünne Stoffe. Bei beiden Gruppen war es jedoch fast schon Pflicht, die Ärmel bis knapp unterhalb der Ellbogen hochzukrempeln. Einige Sakkos waren schon von vornherein nur mit einem Dreiviertelarm versehen. Zum Oberteil wurden gern eine Bundfaltenhose sowie Slipper getragen. Wer lässig wirken wollte, verschloss das Sakko nicht, sondern ließ einfach das T-Shirt darunter hervorblitzen. Auch bei Frauen konnte sich das Oberteil mehr und mehr durchsetzen.

70a) Hosenanzug

Einen der ersten Hosenanzüge schneiderte der französische Modeschöpfer Yves Saint Laurent (1936–2008). Für Catherine Deneuve kreierte er 1962 exklusiv einen Damensmoking, den er 1966 mit in seine Kollektion „Rive Gauche" aufnahm. Steckten Frauen in den 60ern meist noch in Kleidern und Röcken, kam das Kleidungsstück einer kleinen Revolution gleich. Der Hosenanzug ist weiterhin fester Bestandteil des Modehauses. Wird der Hosenanzug heutzutage in klassischen Farben wie Schwarz, Grau und Dunkelblau

angeboten, gab es ihn in den 80ern mit bunten Punkten oder in grellen Tönen zu erwerben.

71d) Ballonhose

Diese Hosen sitzen an der Hüfte und an den Oberschenkel recht locker. Die Partie an den Knöcheln dagegen ist meist durch ein Bündchen zusammengezogen. Dadurch ergibt sich optisch der Eindruck, als wäre der obere Bereich wie ein Ballon aufgeblasen. Der Schritt sitzt ungefähr auf Höhe der Knie. MC Hammer (* 1962) trug sie gern in auffälligem Goldton.

MC Hammer als Puppe mit seiner goldenen Ballonhose

72c) Gegenwelle

Wurden anfänglich für eine Dauerwelle noch einzelne Partien auf mehrere Spiralwickler gedreht und anschließend mithilfe einer Trockenhaube bearbeitet, werden heutzutage chemische Lösungen angewendet. Wer krause Locken in glattes Haar verwandeln möchte, der greift entweder zu einem Glätteisen, modernen Haarprodukten oder lässt sich eine Gegenwelle legen. Dieser Zustand hält jedoch nicht lange an. Die Haare, die nachwachsen, locken sich automatisch wieder und die Gegenwelle muss erneut vom Friseur gelegt werden.

Moderatorin Petra Schürmann mit auffälligen Puffärmeln

73d) Puffärmel

Wie riesige geknautschte Ballons sahen in den 80ern die beliebten Puffärmel aus und erinnerten durch ihre Form an die Flügel einer Fledermaus. Die gebauschten Ärmel haben eine lange Tradition. Bereits zu Beginn des 19. Jahrhunderts schmückten sich sowohl Frauen als auch Männer mit Puffärmeln. Jedoch standen sie am Anfang noch in einem harmonischen Verhältnis zur restlichen Kleidung und fielen nicht großartig auf. Nur wenige Jahre später setzten sich die Keulen- und Schinkelärmel durch, die quasi wie Ballonhosen, nur eben an den Armen, aussahen.

74d) Fersenband am Fußende

Die Bänder am Ende der Steghosen haben eine einfache Funktion: Sie verhindern, dass die Hosenbeine während des Laufens nach oben rutschen. Die Hose sitzt immer perfekt und lässt zwischen Hosenende und Schuh keine lästigen Luftlöcher zu. Zunächst kleideten sich Männer mit Steghosen, die Teil einer Uniform waren, später wurden sie beliebtes Kleidungsstück bei Frauen. Steghosen sind vor allem als Sport- und Skihose noch häufig im Einsatz und werden aus dehnbarem Elastan gefertigt.

75b) Kajalstrich

Hell geschminkte Gesichter, dunkel umrandete Augen und reichlich Haarspray in der auftoupierten Mähne – fertig war der New-Wave-Look, der von Sängern wie Robert James Smith zelebriert wurde. Von einigen wird seine Haarmatte auch gern mal als Vogelnest bezeichnet. Schwarze Kleidung war ebenfalls ein Muss. Das Nonplusultra waren jedoch Spikes, schwarze Stiefeletten, die vorn sehr spitz zuliefen und sich zusätzlich durch auffällige Schnallen auszeichneten. Beliebtes Accessoire unter New Wavern waren außerdem Sonnenbrillen und Kreuzketten.

76a) Jeanshemd

Die hellblauen Hemden wurden häufig mit Nieten oder Ziernähten aufgepeppt und mit weißen Jeanshosen kombiniert. Im Gegensatz zu Businesshemden waren sie in den 80ern weit geschnitten und wurden in der Hose getragen. Viele Countrysänger in den Vereinigten Staaten trugen zum Jeanshemd meist eine schmale Krawatte oder ein Lederbändchen mit Kordeln. Auch Brummifahrer bestückten ihre Garderobe in den 80ern gern mit Jeanshemden und verliehen ihnen ihren ganz eigenen Truckercharme. Ein kleines Revival erlebte das inzwischen enger geschnittene Hemd im Jahr 2010.

77d) Leggings mit Stulpen

Die Schauspielerin Jane Fonda (* 1937) löste mit ihren Fitnessvideos 1982 einen wahren Aerobic-Boom aus. Fortan sah man Groß und Klein – ausgestattet mit Leggings und Stulpen oder einem bunten Einteiler – vor dem Fernseher die Übungen der Fitness-Queen nachturnen. Angespornt durch Discomusik quälten sich weltweit Frauen in Lycra-Bodys, die sich wunderbar dehnen lassen, durch verschiedene Workout-Programme.

78a) Basecap

Hip Hoppern konnten die Klamotten in den 80ern gar nicht weit genug sein: Hose, Hemd, Jacke – alles wirkte immer ein bisschen zu groß. Auch Trainingsanzüge und -jacken waren bei Künstlern wie Run DMC oder den Beastie Boys in. Nicht zu vergessen lässige Sneaker und das umgedrehte Basecap. Der Kapuzenpullover wie auch überdimensionale Ketten wurden unter Hip Hoppern zu einem modischen Muss. Flavor Flav (* 1959), Mitglied der Formation Public Enemy, trägt z. B. seit Ende der 80er immer eine riesige Uhr um seinen Hals.

79d) Stirnband

Bekannte Stirnband-Trägerin in den 80ern war Nena, die nur selten ohne das Accessoire auf die Bühne trat. Das Stirnband erfüllt gleich mehrere Zwecke: Es absorbiert Schweiß, hält die Haare aus dem Gesicht oder wärmt im Winter den Ohrenbereich. Farblich meist passend zum Body sowie zu den Stulpen, waren Stirnbänder aus Frottee oder Wolle fester Bestandteil des Aerobic-Outfits. Heutzutage ähneln sie eher Halstüchern und werden am Hinterkopf zusammengeknotet.

80b) erfolgsorientierte junge Großstadtmenschen

Yuppies verfolgten nur ein Ziel: Sie wollten Karriere machen. Die meist aus der städtischen oder der oberen Mittelschicht stammenden Erwachsenen wurden hauptsächlich vom Konsum angetrieben. Zudem legten Yuppies einen enormen Wert auf schicke Kleidung, eine hochwertige Innenausstattung und rasante Sportflitzer. Nach hinten gegeltes Haar, feine Hemden und maßgeschneiderte Anzüge sollten ihren gehobenen Status widerspiegeln. Ihnen wurde häufig nachgesagt, dass sie teilweise recht skrupellose Methoden anwendeten, um ihre Pläne durchzusetzen.

81a) weiße Tennissocken

So ganz ablegen konnte so mancher Mann seine Vorliebe für weiße Tennissocken immer noch nicht. Jedes Jahr sieht man die modisch umstrittenen Strümpfe passend zur Sommerzeit in Herrensandalen. Das obligatorische Unterhemd und die Shorts dürfen da nicht fehlen. In den 80ern blitzten die weißen Tennissocken unter vielen Jeanshosen hervor und standen im starken Kontrast zu den schwarzen Slippern und Lackschuhen.

82c) Sneaker

In den vergangenen Jahren erlebten Sneaker aus den 80ern ein Comeback. Jugendliche und junge Erwachse griffen weltweit wieder zu den Turnschuhen, deren Bund weit über die Knöchel hinausgeht. Zu einem (noch nicht produzierten) Modeklassiker entwickelten sich die Sneaker aus der Trilogie *Zurück in die Zukunft* (1985–90), die sich selbst schnüren. 2011 brachte Nike davon einen Prototypen auf den Markt, den es nur in limitierter Auflage gab. Auch die Schuhe der Marke Chuck Taylor All Star erfreuten sich in den 80ern – wie eigentlich auch in jedem anderen Jahrzehnt davor und danach – bei Jugendlichen großer Beliebtheit.

Schuhe der Marke Chuck Taylor All Star

83b) Popper

Schlagwort dieser Jugendkultur war „Rebellion gegen die Rebellion". Sie hatten genug von anderen Bewegungen, die sich gegen alles und jeden auflehnten. Besonders die Konsumkritik war ihnen ein Dorn im Auge; die Gruppe, die sich aus Angehörigen der Mittel- und Oberschicht zusammensetzte, lebte den Konsum erst recht aus. Sie kauften häufig Markenkleidung von Burberry, Benetton oder Lacoste, legten Parfüms von Chanel und Lagerfeld auf und trugen gern Pullover mit auffälligem Karo-Muster und V-Ausschnitt.

84b) asymmetrischer Haarschnitt

Links schulterlang, rechts knapp bis zu den Ohren – Frauen ließen sich in den 80ern gern das Haar asymmetrisch schneiden. Dabei konnten die Haare glatt, lockig oder gewellt sein, jede Frau wollte so eine Frisur haben. Nicht immer war der Unterschied zwischen den beiden Seiten derart extrem, besonders bei lockigem Haar war er manchmal dank des gewaltigen Volumens nicht immer sofort zu erkennen.

85d) Buttons

Bandnamen, Peacezeichen, Aidsschleifen, Abbildungen von Sehenswürdigkeiten: Die Palette an Motiven für Buttons war äußerst vielfältig. Besonders die in den 80ern vorherrschenden Themen wie die Anti-Atomkraft-Bewegung sowie Friedensbestrebungen schafften es auf die Buttons und somit auf die Taschen und Jacken zahlreicher Jugendlicher und Erwachsener. Viele wollten mit den Buttons ihre politischen und sozialen Ansichten demonstrieren. Die Anstecker wurden per Sicherheitsnadel an den Kleidungsstücken angebracht und waren in verschiedenen Größen erhältlich.

86c) Tennis

Es gibt kein Polohemd von Lacoste, das nicht mit dem Markenzeichen, einem Krokodil, ausgestattet ist. Für das Logo entschied sich René Lacoste (1904–96), weil er seit den frühen 20ern den Spitznamen „Das Krokodil" trug. Er war einer der Ersten, die ein Polohemd trugen. Der Tennisspieler ließ es sich 1927 als Tennishemd für Wettkämpfe anfertigen. Der leichte Stoff brachte ihm gegenüber seinen Konkurrenten, die in einem weißen Oberhemd und Blazer spielten, erhebliche Vorteile. Lacoste gründete 1933 sein eigenes Modeunternehmen. Das Polohemd entwickelte sich zu einem weltweiten Verkaufsschlager.

87a) Netzhemd

Besonders sogenannten Prolos wurde in den 80ern nachgesagt, dass sie sich gern auf die nackte Brust schauen ließen. Damit sie diese auch in der Öffentlichkeit präsentieren konnten, ohne komplett oben ohne herumlaufen zu müssen, warfen sie sich einfach ein Netzhemd über, das zu der Zeit als absolut hip galt. Im Winter wurde es schlicht über den Pullover gezogen, oder man kaufte sich einfach direkt ein Sweatshirt, bei dem das Netzhemd direkt angenäht war. Die meist weißen oder schwarzen Hemden, die vom Schnitt her an Unterhemden erinnerten, wurden von einigen auch gern über schwarze bzw. weiße T-Shirts getragen. Der Kontrast stand dabei immer im Vordergrund.

GESCHICHTE UND POLITIK

88a) Leipzig

Kurz vor dem Fall der Mauer kam es zu mehreren Demonstrationen in Leipzig, die als Montagsdemonstrationen in die Geschichte eingingen. Der friedliche Protest richtete sich gegen die politische Führung und forderte mehr Selbstbestimmung. Zum Schlagwort von Tausenden DDR-Bürgern wurde die Parole „Wir sind das Volk". Die Proteste zogen Nachahmer in Magdeburg, Rostock, Dresden und vielen anderen Städten nach sich.

Eine Bodenplatte erinnert an die Montagsdemonstrationen.

89b) Günter Schabowski

Eher unabsichtlich sorgte Günter Schabowski (* 1929), damaliger Sekretär des Zentralkomitees der SED für Informationswesen, mit seiner Rede bei einer Pressekonferenz am 9. November 1989 für die Grenzöffnung. Er verkündete, dass die neuen Reisebestimmungen für DDR-Bürger sofort in Kraft treten würden, und löste damit eine unglaubliche Reisewelle aus. Tausende Menschen strömten zu den Grenzübergängen und konnten zum ersten Mal seit Jahren ohne einen Ausreiseschein die Grenze passieren.

90d) Petra Kelly

Die Grünen entwickelten sich Anfang der 80er neben CDU, SPD und FDP zu einer vierten Großpartei. Mit ihren Themen Umweltschutz und friedliches Zusammenleben sowie neuen Ideen zogen sie besonders junge Wähler an. Sie waren eine der ersten Parteien, die Frauen in den Vordergrund stellten. Bekannteste Vertreterin war Petra Kelly (1947–92), die sich gegen die atomare Aufrüstung und für die Gleichberechtigung einsetzte. Für Aufsehen sorgte auch Joschka Fischer (* 1948), der 1985 bei seiner Vereidigung als Umwelt- und Energieminister in Turnschuhen auftrat.

91b) erstes Retortenbaby

Ende der 70er wurde es möglich, Kinder auch auf künstlichem Weg zu erzeugen. Louise Joy Brown kam 1978 in Großbritannien als erstes sogenanntes Retortenbaby auf die Welt. In Deutschland wurde am 16. April 1982 am Universitätsklinikum in Erlangen das erste künstlich erzeugte Baby geboren. Drei Jahre später folgten die ersten Drillinge. Mehrlingsgeburten sind in diesem Bereich keine Seltenheit, da meist mehrere befruchtete Eizellen in die Gebärmutter eingepflanzt werden, um die Erfolgschancen zu erhöhen.

92a) Ruhrgebiet

Am 18. Januar 1985 kam es in Deutschland zu einem schweren Smogalarm im Ruhrgebiet. Eine Inversionswetterlage, bei der sich die Luftschichten umkehren, sowie starke Konzentrationen an Schwefeldioxid und Staub hatten dafür gesorgt, dass die Regierung die Katastrophen-Stufe III ausrief. Die Industrien mussten ihre Produktion drosseln, der Verkehr war nur noch für Notfälle freigegeben. Kinder mussten nicht zur Schule, viele Kliniken steigerten vorsorglich ihren Sauerstoffvorrat.

93d) Southampton

Spätestens seit James Camerons Film *Titanic* (1997) kennt jeder die tragische Geschichte des Luxusliners, der mit zahlreichen Passagieren an Bord von Southampton aus in See stach, mit einem Eisberg kollidierte und am 14. April 1912 in den eisigen Fluten des Nordatlantiks versank. Es dauerte 73 Jahre, bis das Wrack der Titanic gefunden wurde: 1985 leiteten Jean-Louis Michel und Robert Ballard eine Mission, in deren Verlauf sie mithilfe von Sensoren und Kameras das Schiff orten wollten. Viele Einrichtungsgegenstände der Titanic sind erhalten geblieben und konnten geborgen werden.

Titanic-Entdecker Robert Ballard

94b) Platz des himmlischen Friedens

So friedlich, wie es wenige Monate später bei den Montagsdemonstrationen in der DDR zuging, lief es in der Nacht vom 3. auf den 4. Juni 1989 in Peking nicht ab. Zahlreiche junge Erwachsene hatten auf dem Platz des himmlischen Friedens gegen die kommunistische Führung und für mehr Pressefreiheit demonstriert. Der Volksaufstand wurde durch das chinesische Militär mit Gewalt niedergeschlagen. Es gab viele Verletzte, in anderen Stadtteilen waren sogar zahlreiche Tote zu beklagen.

95c) Iran und Irak

Acht Jahre lang (1980–83) stritten sich der Iran und der Irak darum, wer am Persischen Golf die Vormachtstellung besitzt. Hauptort der Auseinandersetzungen war die Provinz Chuzestan, die reich an Erdgas und Erdöl ist. Der Kampf wurde nicht nur am Boden, sondern auch in der Luft ausgetragen. Am 20. August 1988 beschlossen beide Parteien, die Waffen niederzulegen. Sowohl der Irak als auch der Iran hatten mehrere Tausend Todesopfer zu beklagen.

96a) Challenger

Nur 73 Sekunden nach dem Start zerbrach die Challenger, die im Rahmen der Mission STS-51-L unterwegs war, in der Luft. Die sieben Besatzungsmitglieder hatten keine Chance, das Unglück zu überleben. Nachforschungen ergaben, dass Dichtungsringe in den Feststoffraketen ausgefallen waren.

97d) 35-Stunden-Woche

Die IG Metall rief 1984 Tausende Arbeiter dazu auf, die Arbeit niederzulegen und für eine 35-Stunden-Woche zu protestieren. Der Streik weitete sich zu einer der größten Protestbewegungen der Bundesrepublik aus. Besonders die Zulieferbetriebe der Automobilindustrie waren von der Arbeitsniederlegung betroffen. Die Arbeitgeber reagierten mit einer ganz eigenen Methode: Sie ließen ihre Angestellten erst gar nicht zur Arbeit erscheinen und sperrten sie so von der Arbeit aus. Folglich unterstützten einzelne Gewerkschaften Streikposten mit finanziellen Mitteln. Die Arbeitgeber wurden hingegen per gerichtlicher Anweisung gezwungen, den ausgesperrten Arbeitnehmern Kurzarbeitergeld zu zahlen. Nach Ende der Streikwelle erzielten die Arbeitnehmer letztendlich die 38,5-Stunden-Woche.

Plakat der IG Metall

98c) Frostschutzmittel

Wer 1985 Wein trank, der musste befürchten, Frostschutzmittel zu sich zu nehmen. Gepanschte Weine aus verschiedenen Teilen der Bundesrepublik sowie aus Österreich waren im Umlauf. Winzer hatten gewöhnlichen Tafelweinen Diethylenglykol hinzugegeben, das auch für Frostschutzmittel verwendet wird, um sie süßer und aromatischer zu machen. Diese waren anschließend als Prädikatsweine auf den Markt gebracht worden.

99a) Mehmet Ali Agca

Das Attentat auf Johannes Paul II.
(1920–2005) ereignete sich am 13. Mai
1981 auf dem Petersplatz. Der Papst fuhr
gerade mit seinem offenen Papamobil an
den wartenden Gläubigen vorbei, als er
von zwei Pistolenschüssen, die ihn in den
Unterleib sowie in die linke Hand und den
Schulterbereich trafen, niedergestreckt
wurde. Im Rahmen einer Notoperation
im Gemelli-Krankenhaus musste ein Teil
des Darms entnommen werden. Der Tag
des Attentats war auch gleichzeitig der
64. Jahrestag der Marienerscheinung in
Fátima. Johannes Paul II. sah in seinem
Überleben das Werk der Gottesmutter.

100b) Frecce Tricolori

Eigentlich sollten während des Flugtags in
Ramstein am 28. August 1988 die besten
Flieger aus Deutschland Portugal, Frank-
reich und Italien ihr fliegerisches Können in
der Luft zeigen. Doch die Veranstaltung geriet zu einer Katastrophe, als drei Militär-
flugzeuge der italienischen Einheit Frecce
Tricolori zusammenstießen. Zahlreiche Zuschauer wurden durch eines der Flugzeuge,
das brennend auf sie zukam, verletzt. 70
Personen ließen an diesem Tag ihr Leben.

101d) mediale Begleitung

Dieter Degowski und Hans-Jürgen Rösner,
aber auch die Journalisten, die sie während der Geiselnahme auf Schritt und Tritt
begleiteten, sorgten 1938 in der Bundesrepublik für einen großen Aufschrei in der
Bevölkerung. In Gladbeck überfielen die
beiden am 16. August eine Bankfiliale,
nahmen zwei Geiseln und flüchteten vor
der Polizei. Im Laufe der Aktion kamen bei
einer weiteren Geiselnahme der fünfzehn-
jährige Emanuele de Giorgi und die acht-
zehnjährige Silke Bischoff ums Leben.

102b) Münchner Oktoberfest

Bei einem Bombenattentat am 26. Oktober 1980 verloren 13 Menschen, die das Oktoberfest in München besucht hatten, ihr Leben, unter ihnen auch der Attentäter. Mehr als 200 weitere Besucher wurden bei dem rechtsextremistischen Angriff schwer verletzt. Ob es sich bei dem Terroristen um einen Einzeltäter gehandelt hat, ist umstritten. Viele Opfer und ein Großteil der Bevölkerung fordern immer noch eine Wiederaufnahme der Ermittlungen. Fest steht jedoch, dass der Terrorist eine Rohrbombe in einem Abfalleimer am Haupteingang deponiert hatte, die kurz nach 22.00 Uhr hochging.

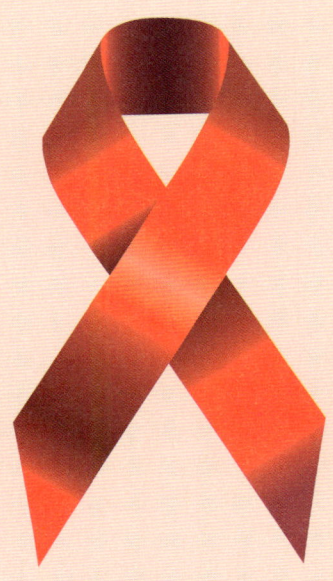

103a) rote Schleife

Der HI-Virus zerstört im menschlichen Körper das Immunsystem. Eine vollständige Heilung kann bisher trotz groß angelegter Forschungen nicht gewährleistet werden. Einzig die Lebenserwartung der Erkrankten kann durch Medikamente erhöht werden. Als eine der ersten prominenten Persönlichkeiten verstarb der Schauspieler Rock Hudson (1925–85) an AIDS. Seine enge Freundin Elizabeth Taylor (1932–2011) gründete daraufhin 1987 eine Stiftung, mit der sie Millionen US-Dollar für die Forschung auftrieb. Am 1. Dezember wird jährlich der Welt-AIDS-Tag gefeiert.

104d) Saint Paul's Cathedral

Der Buckingham Palace verkündete am 24. Februar 1981 die Verlobung des britischen Thronfolgers Prinz Charles (* 1948), mit der 13 Jahre jüngeren Diana Spencer (1961–97). Das britische Volk war aus dem Häuschen, die Hochzeit am 29. Juli 1981 wurde zu einem medialen Großereignis. Aus der Verbindung gingen die Söhne William und Harry hervor. Doch die Ehe war nicht glücklich, die Scheidung folgte 1996.

105c) Argentinien

1982 begann der zwischen Argentinien und Großbritannien ausgetragene Streit um die Falklandinseln, die Argentinien vorgelagert sind. Diese wurden seit 1833 von Großbritannien verwaltet, jedoch wollte der südamerikanische Staat die Inseln für sich beanspruchen. Aus diesem Grund griffen sie unter der Führung des Junta-Chefs Leopoldo Galtieri das König-reich an, das sich erfolgreich zur Wehr setzen konnte. Die Argentinier erklärten am 14. Juni 1982 ihre Kapitulation. Die Militärjunta wurde im Anschluss gestürzt, die Demokratie hielt wieder Einzug.

106a) Order of the British Empire

Nach dem Sturz Helmut Schmidts wähl-te die Regierungskoalition aus CDU/CSU sowie der FDP den Vorsitzenden der CDU, Helmut Kohl (* 1930), 1982 zum neuen Bundeskanzler. Er hatte bei der Wahl im Bundestag, die wegen des konstruktiven Misstrauensvotums abgehalten wurde, nur knapp die Mehrheit erhalten. Er versam-melte 256 Stimmen auf sich, nötig waren 249. Wichtigstes Ziel Kohls während seiner Kanzlerschaft, die 1998 endete, war die Zusammenführung Deutschlands. Er wird daher auch neben George H. W. Bush (* 1924) und Michail Gorbatschow (* 1931) zu den „Vätern der Einheit" gezählt.

107b) Konrad Kujau

Voller Stolz präsentierte Gerd Heidemann für den *stern* am 25. April 1983 einen sensationellen Fund: Die angeblichen Tagebücher Adolf Hitlers seien seit einiger Zeit im Besitz des Magazins. Wie sich später herausstellte, war die Zeitschrift auf den Künstler Konrad Kujau (1938–2000) herein-gefallen, dem sie rund 9,3 Millionen DM gezahlt hatte.

Konrad Kujau mit *stern*-Ausgabe

108a) Otto Graf Lambsdorff

Mithilfe von großzügigen Parteispen-
den hatte sich Eberhard von Brauchitsch,
Manager des Flick-Konzerns, zahlreiche
Vorteile seitens der Bundesregierung
erhofft. Mehrere Millionen DM waren
zwischen 1969 und 1980 an verschiedene
Parteien gezahlt worden. Zuvor hatte das
Unternehmen 1975 an die Deutsche Bank
Aktien der Daimler-Benz AG verkauft und
dafür keine Steuern zahlen müssen. Die
Wirtschaftsminister Hans Friderichs und
später Otto Graf Lambsdorff hatten die
Ausnahmeregelung bestätigt.

109d) Homosexualität

Günter Kießling (1925–2009), ein Vier-
Sterne-General bei der Bundeswehr, hatte
1983 mit dem Gerücht zu kämpfen, er
wäre homosexuell und damit erpressbar.
Die Anschuldigungen, die sich später als
unwahr herausstellten, veranlassten den
Generalinspekteur Wolfgang Altenburg
dazu, Kießling zu der Sache zu befragen.
Dieser beteuerte, die Gerüchte wären
falsch, trotzdem ließ der damalige Verteidigungsminister Manfred Wörner
(1934–94) Kießling vorzeitig aus der Bundeswehr entlassen. Es kam anschließend
zu öffentlichen Debatten. Bundeskanzler
Helmut Kohl ließ ihn daraufhin wieder in
den aktiven Dienst einsetzen und letztendlich ehrenhaft entlassen.

110b) Hüttenheim

Sämtliche Proteste, die sich Ende der 80er
gegen die Schließung des Krupp-Hüt-
tenwerks Rheinhausen gerichtet hatten,
waren letzten Endes umsonst. Der Standort
in Duisburg wurde am 15. August 1993
aufgegeben. 1987 hatten sich die Unternehmen Mannesmann und Krupp überlegt,
ihre beiden Standorte, Hüttenheim und
Rheinhausen, in Duisburg-Hüttenheim
zusammenzulegen.

Wir haben ein Recht auf Arbeit!

SOLIDARISCHE GRÜSSE VON DEN KOLLEGINNEN DER RUHRWERKSTATT OBERHAUSEN

111a) Sahelzone

Besonders schwer betroffen von der Hungersnot in den Jahren 1984 und 1985 war Äthiopien. In dem afrikanischen Land litten Millionen von Menschen Hunger, fast eine halbe Million von ihnen schaffte den Kampf nicht. Eine Dürreperiode hatte dazu geführt, dass die Ernte nur sehr gering ausgefallen war und viele Einwohner deshalb von den Dörfern in die Großstädte geflohen waren. Hinzu gesellte sich in weiten Teilen des Landes eine Heuschreckenplage. Zahlreiche Industrieländer und prominente Künstler machten Gelder locker, um die Menschen so vor dem sicheren Hungertod bewahren zu können.

112a) Perestroika

Michail Gorbatschow (* 1931) sorgte nach seinem Amtsantritt als Generalsekretär des Zentralkomitees der Kommunistischen Partei der Sowjetunion 1985 für eine Annäherung zwischen den Ostblockstaaten und dem Westen. Für seine Bemühungen, den Kalten Krieg zu einem Ende zu führen, wurde er 1990 mit dem Friedensnobelpreis geehrt. Während seiner Amtszeit hatte er großen Wert darauf gelegt, der Bevölkerung gegenüber politische Offenheit zu zeigen („Glasnost"). Darüber hinaus leitete er eine Modernisierung des Staates und der Wirtschaft ein („Perestroika").

113c) Einführung von bleifreiem Benzin

Die Regierung und der ADAC hatten es 1986 zunächst schwer, die Autofahrer von der bleifreien Variante zu überzeugen. Viele wussten – wie es vor einiger Zeit auch bei E10 der Fall war – nicht, ob ihr Wagen den Kraftstoff vertragen würde. Obwohl der bleifreie Sprit inzwischen deutlich günstiger war, griffen viele an der Tanksäule immer noch zu der alten Variante.

114b) Liquidatoren

Für Angst und Schrecken auch in Deutschland sorgte am 26. April 1986 der Reaktorunfall von Tschernobyl. Die Angst vor den Folgen der Katastrophe waren auch Tage nach dem GAU das bestimmende Thema in den Zeitungen. Viele fürchteten sich vor dem sauren Regen und forderten die Regierung dazu auf, in Zukunft von der Kernenergie Abstand zu nehmen. Die Bewohner der Ukraine, die in unmittelbarer Nähe zum Kernkraftwerk gelebt hatten, mussten nach dem Unfall mit schweren gesundheitlichen Schäden und Missbildungen kämpfen.

115a) Ixtoc I

Die staatliche mexikanische Ölgesellschaft Pemex ließ seit 1978 vor der Stadt Campeche in Yucatan nach Öl bohren. In rund 3600 m Tiefe wechselte der Borschlamm in Gestein. Die Arbeiter sahen sich dazu veranlasst, den Bohrstrang zu entfernen, beförderten dadurch jedoch Öl und Gas nach oben. Es kam zur Explosion der Plattform, Millionen Barrel Öl verunreinigten das Wasser.

116d) Oranien-Nassau

Die am 31. Januar 1938 in Baarn geborene Beatrix Wilhelmina Armgard wurde als älteste Tochter von Königin Juliana und Bernhard zur Lippe-Biesterfeld seit ihrem 18. Geburtstag offiziell als Thronanwärterin geführt. Sie legte 1961 im Bereich Rechtswissenschaften ihr Examen ab. 1980 wurde sie nach der Abdankung ihrer Mutter als Beatrix I. die neue Königin der Niederlande. Sie interessiert sich sehr für die ökonomischen und ökologischen Belange des Landes. Beatrix I. ist u. a. Langzeitmitglied des Club of Rome, der sich mit verschiedenen internationalen Fragen im Bereich Politik auseinandersetzt.

117b) *Der Freischütz*

Nach den Plänen Gottfried Sempers (1803–1879) wurde zwischen 1838 und 1841 in Dresden ein königliches Hoftheater gebaut. Am 13. April 1841 erfolgte die feierliche Einweihung. Auf der Bühne wurden die *Jubelouvertüre* von Carl Maria von Weber sowie das Schauspiel *Torquato Tasso* von Johann Wolfgang von Goethe gezeigt. 1869 fiel der Bau einem Brand zum Opfer und wurde 1871–78 neu errichtet. Während des Luftangriffs auf Dresden am 13. Februar 1945 wurde auch der

zweite Bau zerstört. 1982–84 erfolgte der erneute Aufbau der Semperoper, die 1985 eingeweiht wurde.

118c) Nürnberg

Wer in Deutschland Asyl erhalten möchte, muss zunächst einen Antrag in einer Außenstelle des Bundesamts für Migration und Flüchtlinge einreichen. Diese stellt fest, ob der Antragsteller asylberechtig ist oder nicht. Sollte die Antwort negativ ausfallen und auch kein Abschiebeverbot verletzt werden, erhält die Person im Regelfall einen Ablehnungsbescheid und eine Abschiebungsandrohung.

119a) Besuch der Bundesrepublik

Der damalige DDR-Regierungschef Erich Honecker (1912–94) wurde am 7. September 1987 in Bonn als Staatsgast empfangen. Er war der erste DDR-Staatsratsvorsitzende, der mit einem deutsch-deutschen Treffen in der Bundesrepublik einverstanden war. Der amtierende Bundeskanzler Helmut Kohl nahm ihn persönlich in Empfang. Während Kohl in seiner Tischrede auf die gemeinsame Geschichte der beiden deutschen Staaten hinwies, stellte Honecker die Unabhängigkeit der zwei Länder in den Vordergrund. Honecker besuchte auf seiner Reise durch den Westen weitere Städte wie Essen, Düsseldorf und Trier.

120d) Alexander Freiherr von Branca

In München befinden sich neben der Neuen Pinakothek auch die Museen Alte Pinakothek sowie Pinakothek der Moderne. Die Neue Pinakothek war 1944 während mehrerer Luftangriffe so stark zerstört worden, dass das Gebäude 1949 abgerissen wurde. 1981 wurde das Museum neu eröffnet. Seitdem führt es hauptsächlich Kunstwerke aus der Zeit der Aufklärung, der Romantik, des Impressionismus und des Jugendstils.

121a) Katalysator

Das voranschreitende Waldsterben in Deutschland beschäftigte die Bundesbürger Mitte der 80er ungemein. Viele machten für das Absterben der Bäume die wenig umweltfreundlichen Autos verantwortlich, die einen hohen Ausstoß an Schwefeldioxid mit sich brachten. Umweltschützer forderten die Einführung technisch verbesserter Wagen. Die Bundesregierung beschloss unter anderem aus diesem Grund 1984, dass jeder Benziner in Zukunft einen Katalysator besitzen sollte. Unternehmen wurden außerdem dazu angehalten, Schadstofffilter zu benutzen.

122c) *The Times*

Der Medienmogul Rupert Murdoch (* 1931) begann seine erfolgreiche Karriere in seiner Heimat Australien. Dort führte er zunächst den väterlichen Medienkonzern und kaufte später die *Sunday Times*. Die britische Sonntagszeitung *News of the World* sowie die Tageszeitungen *The Sun* und *The Times* kamen ebenfalls hinzu. 1989 rief er das Bezahlfernsehen British Sky Broadcasting ins Leben. 2011 geriet Murdoch in einen Skandal, als der Vorwurf laut wurde, dass Redakteure der *News of the World* unerlaubt die Mobiltelefone von prominenten Persönlichkeiten und Politikern abgehört hätten.

123c) Chinesische Mauer

Mithilfe der mehrere tausend Meter langen Mauer, die vermutlich um 214 v. Chr. errichtet wurde, wollten die Chinesen ihre Feinde aus dem Norden abhalten. Auf diese Weise sollte den nomadischen Reitervölkern die Einreise in das Kaiserreich erschwert werden. Zahlreiche Bauabschnitte der Chinesischen Mauer wurden in verschiedenen Epochen gebaut und aus unterschiedlichem Material errichtet.

124d) William von Baskerville

Der Franziskanerpater sucht in *Der Name der Rose* zusammen mit seinem Novizen Adson von Melk eigentlich nur Unterschlupf in einem Benediktinerkloster. Dort wird er jedoch vom vorstehenden Abt gebeten, eine Reihe von ungeklärten Todesfällen zu untersuchen. William von Baskerville, der für seinen Scharfsinn auch außerhalb des Klosters bekannt ist, findet schnell heraus, dass der Grund für die Morde das *Zweite Buch der Poetik* von Aristoteles ist. In diesem wird nämlich die Komödie abgehandelt – ein Umstand, der sich in den Augen des Bibliothekars Jorge von Burgos nicht für Mönche ziemt.

125c) Christoph von Dohnányi

Ihren Rang als großes Opernhaus in Frankfurt am Main hat die Alte Oper an die Oper Frankfurt verloren. Inzwischen wird das Gebäude hauptsächlich für Konzerte und ähnliche Veranstaltungen genutzt. 1880 wurde die Alte Oper, die nach Plänen von Richard Lucae gebaut worden war, eröffnet. Als Ehrengast bei der Einweihung fungierte Kaiser Wilhelm I. (1797–1888). In der Alten Oper erfolgte u. a. 1937 die Uraufführung von Carl Orffs *Carmina Burana.*

126d) Konrad Zuse

Der Deutsche gilt als Pionier im Bereich Computertechnik. Konrad Zuse (1910–95) konstruierte 1941 einen Computer (Zuse Z3), der programmgesteuert wurde und sich frei programmieren ließ. Sein erstes Rechenwerk (Z1), das mit binären Zahlen rechnete, steht als Nachbau im Deutschen Technikmuseum Berlin. Auch die Nachfolgemodelle sind in dem 1983 eröffneten Museum zu besichtigen. Weitere Erfindungen, u. a. aus den Bereichen Luft- und Raumfahrt, Schienenverkehr sowie Textiltechnik, sind dort ebenfalls zu bestaunen.

Zuse Z3

127c) Neue Staatsgalerie Stuttgart

Die Einrichtung bestand zunächst nur aus dem Museum der bildenden Künste, das 1843 feierlich eingeweiht worden war. Der britische Architekt James Stirling (1926–22) fertigte 1977 den Bauplan für die Neue Staatsgalerie an. Für das Museum hatte er sich überlegt, bunte Stahlträger und Türen einzusetzen und sie mit altertümlich anmutenden Giebeln in Kontrast zu setzen. Das Gebäude wurde 1984 fertiggestellt und beherbergt seitdem hauptsächlich Kunstwerke aus dem 20. Jahrhundert. Ergänzt wird das künstlerische Angebot durch eine Musikhochschule und ein Kammertheater.

128a) Günter Wallraff

Der Journalist hat es sich zur Aufgabe gemacht, inkognito über die Missstände in deutschen Firmen sowie innerhalb der Gesellschaft zu berichten. Dafür schlüpft Günter Wallraff (* 1942) immer wieder in verschiedene Rollen. Bei der *BILD*-Zeitung in Hannover deckte er als Redakteur Hans Esser die kruden Arbeitsweisen auf (*Der Aufmacher – Der Mann, der bei „Bild" Hans Esser war*, 1977), bei Thyssen und McDonald's schlich er sich als türkischer Gastarbeiter Ali Levent Sinirlioğlu ein (*Ganz unten*, 1985).

129c) *Siddhartha*

Johannes Mario Simmel 1924–2009) war während seiner Schaffenszeit äußerst produktiv. Er verfasste rund 35 Romane sowie zahlreiche Drehbücher (*Es geschehen noch Wunder*, 1951) Der Schriftsteller war eigentlich gelernter Chemieingenieur, widmete sich aber nach dem Zweiten Weltkrieg der Literatur. In seinen Werken waren wissenschaftliche Themen dennoch stets präsent. In *Doch mit der Clowns kamen die Tränen* (1987) setzte er sich z. B. mit den Folgen von Genmanipulation auseinander.

Johannes Mario Simmel

130d) Salman Rushdie

Mit der Veröffentlichung seines Romans *Die satanischen Verse* (1988) besiegelte der britisch-indische Schriftsteller Salman Rushdie (* 1947) im Iran sein Todesurteil. Viele muslimische Glaubensgemeinschaften sahen in dem Werk eine Beleidigung Mohammeds. Seine satirische Sicht auf das Leben des Propheten löste heftige Diskussionen unter den Glaubensbrüdern aus. Diese gingen so weit, dass der iranische Schiitenführer Ayatollah Khomeini (1902–89) eine Fatwa ausrief, die zum Mord an Rushdie berechtigte.

131) Kartoffelbrei

Die britische Autorin Elfie Donnelly (* 1950) ersann die Hörspielreihe *Bibi Blocksberg*, die 1980 in Serie ging und zunächst *Eene meene Hexere*i hieß. In den bisher weit über 100 Folgen zaubert sich die Junghexe durch zahlreiche Abenteuer, unterstützt durch ihre Mutter Barbara, auch eine Hexe, und ihren Vater Bernhard. Dieser sieht es jedoch gar nicht gern, wenn die beiden mal wieder ihre Hexenkräfte anwenden. Ein Ableger ist die Hörspielreihe *Bibi und Tina* (seit 1991).

Benjamin Blümchen und Bibi Blocksberg

132) Tarzan, Karl, Klößchen und Gabi

Die vier Schüler lösen seit 1979 in der Jugendbuchreihe *TKKG* und seit 1981 in der gleichnamigen Hörspielreihe das ein oder andere Rätsel. Tarzan, eigentlich Tim, ist der Sportliche der Bande und gleichzeitig auch der Anführer, Karl der Schlaue, Klößchen das Schleckermaul und Gabi die Gerechte.

133d) *Die Tore der Welt*

Der historische Roman *Die Säulen der Erde* (1989) spielt im 12. Jahrhundert und erzählt den mühevollen Bau einer Kathedrale in England. Der junge Prior Philip und der Steinmetz Tom Builder müssen auf dem Weg dorthin einige Hindernisse überwinden.

134b) Stefan Heym

Der aus Chemnitz stammende Schriftsteller, der 1952 aus den USA zurück in seine Heimat gekehrt war, sprach sich gegen eine Vereinigung der beiden deutschen Staaten aus. Stefan Heym (1913–2001) wollte lieber, dass die Bundesrepublik eine sozialistische Form annehme. Doch auch mit der Entwicklung der DDR-Regierung war Heym selten zufrieden. Seinen Unmut drückte er oft auch in seinen literarischen Schriften aus. Immer im Mittelpunkt stand dabei die Frage, inwieweit die Selbstbestimmung im Faschismus, im Kapitalismus und im Sozialismus umsetzbar sei. Bekannte Werke Heyms sind *Der Fall Glasenapp* (1947) sowie *Der König David Bericht* (1972).

135c) Jean-Baptiste Grenouille

Mit dem großen Erfolg von *Das Parfum* (1985) hatte Patrick Süskind (* 1949) vielleicht selbst nicht gerechnet. Das Buch über einen jungen Mann mit dem außergewöhnlichen Geruchssinn schlug sprichwörtlich ein wie eine Bombe. Es stand fast ein Jahr lang ununterbrochen auf den Bestsellerlisten des Magazins *Spiegel* und wurde 2006 von Tom Tyk-

wer verfilmt. In dem Film spielen Hollywoodstars wie Dustin Hoffman und Alan Rickman mit.

136a) Elke Heidenreich

Das Literarische Quartett setzte sich in der Startsendung am 25. März 1988 aus Marcel Reich-Ranicki (* 1920), Helmut Karasek (* 1934), Sigrid Löffler (* 1942) und Jürgen Busche (* 1944) zusammen. Die Kritiker diskutierten in der Sendung über aktuelle Neuerscheinungen auf dem Buchmarkt. Nach sechs Folgen war für Busche bereits Schluss. Für ihn sprang die Schweizerin Klara Obermüller (* 1940) ein.

137b) *Drood*

Stephen King (* 1947) lehrte besonders in den 70ern und 80ern zahlreichen Erwachsenen das Fürchten. So ließ er z. B. eine mit telekinetischen Kräften ausgestattete Highschool-Schülerin sich an ihren Mitschülern rächen (*Carrie,* 1974), einen mordenden Clown kleine Kinder verfolgen (*Es*, 1986) und einen fanatischen Fan zur Furie werden, als dieser erfährt, dass sein Lieblingsschriftsteller die Hauptfigur sterben lassen will (*Sie*, 1987). Mit seinen Werken schrieb sich King in die erste Regie der Horrorautoren und verkaufte Millionen Exemplare.

138d) **Morton Rhue**

Inspiration für sein Buch *Die Welle* (1981) holte sich Morton Rhue (* 1950) von dem Experiment „The Third Wave". 1967 hatte der Geschichtslehrer Ron Jones an einer Highschool in Palo Alto (USA) seinen Schülern, die sich sicher waren, dass das Verhalten vieler Menschen während des Nationalsozialismus nicht wieder vorkommen könnte, beweisen wollen, dass sie unrecht hätten. Bereits nach wenigen Tagen waren unter den Mädchen und Jungen Manipulationen, Unterdrückung und Gleichschaltung an der Tagesordnung. Jones brach erschrocken das Experiment ab.

139b) **Fräulein Knüppelkuh**

Die fantasievollen Geschichten von Roald Dahl (1916–90) begeistern Kinder weltweit dank seines subtilen und feinsinnigen schwarzen Humors. Zu seinen bekanntesten Werken gehören u. a. *James und der Riesenpfirsich* (1961), *Der fantastische Mr. Fox* (1966), *Sophiechen und der Riese* (1982) sowie *Hexen hexen* (1983). Fast alle seine Kinderbücher sind auch verfilmt worden. Für den Film *Tschitti Tschitti Bäng Bäng* (1968) schrieb Dahl das Drehbuch.

Briefmarken mit Zeichnungen von Roald Dahl

140a) Isabelle Huppert

Elfriede Jelinek (* 1946) nimmt in ihren Werken kein Blatt vor den Mund. Die Österreicherin kritisierte in ihren Stücken u. a. die nicht vorhandene Gleichberechtigung zwischen Mann und Frau. Demnach bemängelt sie in *Die Liebhaberinnen* (1975), dass Frauen daran gemessen werden, welchen sozialen Status ihre Ehemänner einnehmen. Für Aufsehen sorgte auch ihr 1986 veröffentlichtes Werk *Burgtheater*, in dem sie ihrem Heimatland unterstellte, die nationalsozialistische Vergangenheit mangelhaft aufgearbeitet zu haben. 2004 erhielt Jelinek den Nobelpreis für Literatur.

Ein Fest in Wien, anlässlich der Nobelpreisverleihung von Elfriede Jelinek

141c) Bitterfeld

Kein gutes Haar an dem Regierungsstil der DDR ließ die Schriftstellerin Monika Maron (* 1941) in ihrem Debütroman *Flugasche* (1981). Die Deutsche war die Stieftochter des ehemaligen DDR-Innenministers Karl Maron. Mit den Vorgehensweisen innerhalb der Staatsführung kannte sie sich selbst gut aus, schließlich arbeitete sie 1976–78 kurzzeitig mit dem Ministerium für Staatssicherheit zusammen. Nach dem Ende ihrer Mitarbeit, die sie selbst vorangetrieben hatte, wurde Maron ebenfalls von der MfS bewacht.

142d) Iran

1984 reiste die US-Amerikanerin Betty Mahmoody (* 1945) mit ihrem iranischen Ehemann Sayed Bozorg Mahmoody (1939–2009) in dessen Heimatland. Sie wusste zu dem Zeitpunkt nicht, dass ihr Ehemann gegen ihren Willen geplant hatte, mit ihr und ihrer gemeinsamen Tochter für immer dort zu bleiben. Betty Mahmoody nutzte nach rund eineinhalb Jahren die Möglichkeit, mit ihrem Kind aus dem Land zu fliehen. Ihre Erlebnisse schrieb sie 1988 in dem Buch *Nicht ohne meine Tochter* nieder.

143a) *Frau und Hund*

Sein egozentrisches Verhalten und seine von Extravaganz und Überschwänglichkeit geprägte Lebensweise brachten Markus Lüpertz (* 1941) schon früh den Spitznamen „Der Malerfürst" ein. Er selbst bezeichnet sich dagegen schlicht als Maler, Bildhauer und Grafiker. An der staatlichen Kunstakademie in Düsseldorf war Lüpertz 1988–2009 Rektor. Dreimal im Jahr erscheint seine Kunst- und Literaturzeitschrift *Frau und Hund*, die er 2003 ins Leben rief. Lüpertz schuf Anfang der 60er u. a. seine bekannte Micky-Maus-Serie sowie die Donald-Duck-Serie.

144c) Johannes Grützke

In seiner Zeit an verschiedenen deutschen Schauspielhäusern vertraute der Intendant Peter Zadek (1926–2009) auf die imposanten Bühnenbilder seines Malerfreunds Johannes Grützke (* 1937). Die Zusammenarbeit begann 1979, als Grützke für die Revue *Jeder stirbt für sich allein* die ersten Entwürfe anfertigte. Er zeichnete sich 1983 ebenfalls für die Bühnenbilder zu *Hochzeit des Figaro* im Württembergischen Staatstheater in Stuttgart aus. Als Zadek 1985 ans Deutsche Schauspielhaus in Hamburg wechselte, engagierte er Grützke als seinen künstlerischen Berater.

145b) *Drachenblut*

Wegen des Titelschutzes durfte Christoph Hein (* 1944) seine bereits 1982 in der DDR veröffentlichte Novelle *Der fremde Freund* nicht mit demselben Namen auch in Westdeutschland auf den Markt bringen. Er entschied sich für den Titel *Drachenblut*, da er diese Metapher auch in seinem Werk verwendet. 1983 überzeugte Hein die Leserschaft mit seinem Stück *Die Wahre Geschichte des Ah Q*, 1998–2000 übernahm er den Vorsitz des PEN-Clubs in Deutschland.

146d) **Kassandra**

Das Leben Christa Wolfs (1929–2011) ist eng mit der DDR verknüpft. 1955–77 war sie Vorstandsmitglied des Schriftstellerverbandes der DDR, 1974 zudem Teil der Akademie der Künste der DDR. Ersterer schloss sie jedoch 1976 aus ihren Reihen aus, da Wolf mit ihrer Unterschrift gegen die Ausbürgerung des Liedermachers Wolf Biermann protestiert hatte. Sie beteiligte sich 1989 wie Stefan Heym an dem Aufruf „Für unser Land", in dem sie sich für den Erhalt des Sozialismus aussprach.

ALLTAG

147c) **Slide**

Bevor die Inlineskates in Mode kamen, fuhr man auf Rollerskates durch die Gegend. Diese hatten je zwei Rollen vorn und zwei Rollen hinten. Am vorderen Ende war zudem noch ein Bremsklötzchen angebracht. Bei Inlineskates sind die Rollen dagegen hintereinander aufgereiht, und der Stopper befindet sich an der Ferse. Das Unternehmen Rollerblade stellte als eine der ersten Firmen ab 1983 Inlineskates her.

148a) **Polly Pocket**

Die Spielfigur stammt ursprünglich aus dem Hause bluebird, einer Fima aus Großbritannien. 1998 übernahm das Unternehmen Mattel, das auch die Barbie-Puppe herstellt, die Produktion. Zunächst war die Figur Polly Pocket nur so groß wie eine Fingerkuppe und wohnte in einer kleinen Dose. Inzwischen ist die Puppe um einige Zentimeter gewachsen und bewegt sich durch viele verschiedene Einrichtungen.

149c) Bonner Hofgarten

Die Sowjetunion rüstete sich Ende der 70er mit SS-20-Raketen auf. Im Rahmen des NATO-Doppelbeschlusses legten die NATO-Staaten 1979 fest, gleichfalls aufzurüsten und Moskau dazu zu zwingen, ihre Aufstockungsbemühungen einzustellen. Der Beschluss trieb in Deutschland Tausende Menschen auf die Straßen. Beim Evangelischen Kirchentag in Hannover am 12. Juni 1983 stand der Wunsch nach Frieden ebenso im Mittelpunkt wie bei den Demonstrationen im Bonner Hofgarten im Oktober desselben Jahres. Die dort abgehaltene „Aktionswoche", die von der Friedensbewegung auf die Beine gestellt worden war, brachte den Protest gegen die Stationierung neuer NATO-Mittelstreckenraketen zum Ausdruck.

150d) Tetris

Fast jeder hat bisher schon einmal zu Hause oder auf der Arbeit den Spieleklassiker Tetris gespielt. Das Stapeln von Klötzchen in einer Reihe erfordert schließlich nicht viel Konzentration. Schwieriger wird es erst dann, wenn in einem höheren Level die Bausteine immer schneller herunterfallen oder man gegen einen Konkurrenten spielt. Löscht derjenige nämlich eine Reihe, wird einem diese direkt „gutge-

schrieben". Erfunden hat das Spiel 1984 der Programmierer Alexei Paschitnow in Zusammenarbeit mit seinen Kollegen Dmitri Pawlowski und Wadim Gerassimow, vermarktet wurde es jedoch offiziell von der sowjetischen Regierung.

151c) Donkey Kong

Super Mario ist eines der bekanntesten Videospiele der Welt. Die Klempner Mario und Luigi sind fast schon genauso bekannt wie der Papst oder Bill Gates. Die Figur Mario ist so populär, dass sich Nintendo entschloss, sie zu seinem Maskottchen zu machen. Mario ist stets mit einer blauen Latzhose, einem roten Hemd und einer roten Mütze gekleidet. Sein Erkennungszeichen ist ein großes M. Sein Kompagnon Luigi bevorzugt die Farbe Grün und den Buchstaben L. Beide würden nie auf ihren dicken Schnurrbart verzichten.

152d) Sommerzeit

Am 30. April 1916 mussten die Bürger zum ersten Mal in Deutschland die Uhr um eine Stunde vorstellen. Bereits drei Jahre später wurde die Verordnung wieder rückgängig gemacht. Eine erneute Einführung der Sommerzeit erfolgte zwischen 1940 und 1945. In den Jahren 1940–42 galt sogar das ganze Jahr über die Sommerzeit, die Zeit wurde zwischenzeitlich nicht wieder um eine Stunde zurückgestellt. Mit dem Ende des Zweiten Weltkrieges regelten die Besatzungsmächte die Uhrzeit. Die endgültige Einführung der Sommerzeit wurde 1978 beschlossen und 1980 umgesetzt.

153a) Zauberwürfel

Das Ziel beim Zauberwürfel ist eigentlich relativ einfach: Auf einer Seite des Würfels sollen alle Farben gleich sein. Nur zu blöd, dass die Seiten in neun Felder aufgeteilt sind, die sich in drei drehbare Reihen unterteilen lassen. Wer es in wenigen Minuten schafft, die Flächen zu einer Einheit zu drehen, gilt als kleiner Held, denn viele beißen sich an dem Spielzeug vergeblich die Zähne aus. Der aus Ungarn stammende Architekt und Bauingenieur Ernö Rubik (* 1944) hatte den Zauberwürfel erfunden, der vom Kritikerpreis „Spiel des Jahres" 1980 in der Sonderkategorie „Bestes Solitärspiel" ausgezeichnet wurde.

154d) Wilstermarsch

Viele Bundesbürger demonstrierten in den 70ern und 80ern vehement gegen die Betreibung des Kernkraftwerks Brokdorf im Kreis Steinburg (Schleswig-Holstein). Bereits zu Beginn der Bauphase 1976 hatte es Proteste gegeben, die zu einem vierjährigen Baustopp geführt hatten. Als die Baumaßnahmen fortgeführt werden sollten, versammelten sich am 28. Februar 1981 mehr als 100.000 teilweise gewaltbereite Atomkraft-Gegner in Wilstermarsch.

155a) IBM

Das in den USA ansässige und 1911 gegründete Unternehmen IBM präsentierte 1981 seinen ersten Personal Computer, der sich ihren Plänen nach bald in jedem Haushalt befinden sollte. Die Mission stand zunächst unter keinem guten Stern, Fachleute gaben dem Personal Computer keine großen Erfolgschancen. Inzwischen weiß jeder, dass sich die Experten maßgeblich geirrt haben. Der IBM-PC war als eine Antwort auf den erfolgreichen Computer Apple II konzipiert worden. Er kam zu Beginn noch ohne Festplatte aus – heute undenkbar. Mithilfe von Steckkarten konnte der PC erweitert werden.

156c) Jo-Jo

Das Jo-Jo gibt es nicht erst seit den 80ern. Seine Geschichte ist viel älter. Erste Abbildungen des Spielzeugs finden sich auf einer griechischen Vase, die mehr als 400 Jahre v. Chr. angefertigt wurde. Jäger auf den Philippinen machten sich die Eigenart des Jo-Jos im 16. Jahrhundert zunutze, indem sie kleine Felsbrocken an einem Seil herauf- und herunterschnellen ließen. Ende des 18. Jahrhunderts avancierte das Spielzeug zu einer Modeerscheinung im französischen Adel. Schnell wurde das

Jo-Jo auch in Deutschland ein begehrtes Objekt bei den Angehörigen der oberen Schichten.

157b) Tempo-30-Zone

Es ist noch gar nicht so lange her, seit in vielen deutschen Wohngebieten nur mit einer Geschwindigkeit von 30 km/h gefahren werden darf. Als eine der ersten Städte richtete Buxtehude im Rahmen eines Modellversuchs am 14. November 1983 eine Tempo-30-Zone ein. Von dem Projekt überzeugt, setzte fünf Jahre später München für die Siedlung am Lerchenauer See ebenfalls das Tempolimit fest.

158a) Faxgerät

Seit 1979 bietet die Deutsche Bundespost offiziell den Faxdienst an. Die Einführung des Faxgerätes, mit dessen Hilfe Dokumente über die Telefonleitung an Kunden, Geschäftspartner oder Freunde übermittelt werden können, verlief aber nur schleppend. Kaum jemand wollte die neue technische Errungenschaft haben. Der Wandel setzte erst Mitte der 80er ein. Die Absatzsatzzahlen hatten sich bis dahin fast um das 30-Fache erhöht. Wer sichergehen möchte, dass seine Nachricht beim Empfänger auch angekommen ist, kann sich einen Sendebericht ausdrucken lassen.

159c) Flik Flak

Seit 1987 designt die schweizerische Uhrenmarke Swatch auch Modelle für Kinder. Der Name richtet sich nach dem Minutenzeiger, den das Unternehmen Flik nannte, und den Stundenzeiger, der den Namen Flak erhielt. Fünf Jahre zuvor hatte Swatch seine ersten Uhren für Erwachsene auf den Markt gebracht. Die Zeitanzeiger mit den Plastikarmbändern sind für ihr buntes Design bekannt.

160d) Jane Fonda

Die Aerobic-Welle aus den USA machte auch vor Deutschland nicht halt. Männer, Frauen und Kinder stürmten in die Fitnessstudios oder klebten vor dem Fernseher, um sich die Aerobic-Videos anzuschauen. „Noch vier, noch drei, noch zwei …", hörte man in den 80ern täglich aus dem TV dröhnen. Großer Vorreiter war das Format *Tele-Gym*, das die Zuschauer zum Nachahmen der Übungen animierte. Auch das ZDF nahm den Trend auf und strahlte ab 1983 am Nachmittag die Sendung *Enorm in Form* aus. Die Schauspielerin Jane Fonda (* 1937) verdiente mit ihren Videos Millionen.

161a) Anschnallpflicht

Die Autohersteller sind seit 1970 per Gesetz dazu angehalten, in ihren Neuwagen Gurte einzubauen. Es bestand zwar für Autofahrer seit 1976 eine Anschnallpflicht, jedoch wurde der Verstoß dagegen nicht mit einem Bußgeld geahndet. Daher fuhren viele Autofahrer in den 80ern noch sorglos unangeschnallt auf den Straßen umher. Erst seit 1984 verhängte die Polizei Strafzahlungen gegen Personen, die auf den Vordersitzen nicht angeschnallt waren. Auf den hinteren Plätzen durfte man eine Zeit lang noch weiter ohne Gurt fahren, ohne dass man ein Bußgeld befürchten musste.

162c) 20 Zoll

Auffällig an BMX-Rädern sind die kleinen Reifen, der stabile Rahmen und der hohe Lenker. BMX-Sportler vollführen mit den Rädern kunstvoll anmutende Tricks: Sie springen mit einem Rad auf verschiedene Gegenstände, kurven an Treppengeländern herunter oder machen in der Luft eine 360°-Drehung. Bei einem Race durchqueren die Sportler mit ihrem BMX-Rad meist hügeliges Terrain, das nur mit viel technischem Können bewältigt werden kann.

163b) „Brotkasten"

Der Commodore 64 war 1982 als Heimcomputer auf den Markt gebracht worden. Die günstigen Anschaffungskosten, die leichte Bedienung und die hohe technologische Leistungsfähigkeit ließen den C64 schnell zu einem Erfolg werden. Der Computer aus dem Hause Commodore bereitete späteren Heimcomputern den Weg. Mit Star Texter konnte jeder in der Familie nun Texte am Computer verfassen. Die Jüngeren entschieden sich lieber dafür, die neuen Computerspiele Loadrunner, Paradroid oder Elite auszuprobieren. Vom „Brotkasten" wurden mehr als 20 Millionen Exemplare verkauft.

164d) Fuchsschwanz

Ein Manta-Fahrer war nur dann ein echter Manta-Fahrer, wenn er an seinem Rückspiegel auch einen Fuchsschwanz baumeln hatte. Darüber hinaus konnte man die Opelfahrer ganz leicht an ihrem Kleidungsstil erkennen. Die Garderobe bestand hauptsächlich aus Jeansstücken. Enge Jeanshose, dazu eine Jeansjacke und verwegene Cowboystiefel – fertig war der Manta-Look. 1991 schaffte es das Kultauto sogar ins Kino. Für *Manta Manta* setzten sich Til Schweiger und Tina Ruland hinters Steuer.

165a) Scotland Yard

Um das Brettspiel Scotland Yard in Angriff nehmen zu können, müssen mindestens drei Spieler anwesend sein. Einer von ihnen übernimmt den Part des Mister X, der von seinen Gegnern innerhalb Londons verfolgt wird. Mister X bewegt sich unbeobachtet entweder per U-Bahn, Bus, Taxi oder Fähre fort. Er zeigt seinen Mitspielern lediglich, welches Verkehrsmittel er eingesetzt hat. Zwischenzeitlich muss er zu bestimmten Zeitpunkten zu erkennen geben, wo er sich gerade aufhält. Ravensburger hatte Scotland Yard 1983 zum ersten Mal auf den Markt gebracht

und genau den Nerv der Käufer getroffen: Bisher wurden mehr als vier Millionen Exemplare verkauft.

166c) Ultraviolettstrahlung

Leuchtende Zähne, T-Shirt oder Schuhe – Schwarzlicht war auf jeder Party in den 80ern das absolute Highlight. In Discotheken wird es inzwischen nicht mehr so häufig eingesetzt, für Showelemente hingegen schon. Das Schwarzlichttheater z. B. setzt ganz auf den Effekt, dass die Ultraviolettstrahlung fluoreszierende Stoffe leuchten lässt. Auch bei sogenannten Neon-Stempeln kommt das Prinzip zum Tragen.

167c) bunte Haare

Die kleinen Trolle aus Plastik konnten eigentlich nichts Besonderes, und trotzdem haben sie es irgendwie in Tausende Kinderzimmer geschafft. Vielleicht lag es an ihrem leicht treudoofen Blick, den weit aufgerissenen Augen, den lustig bunten Haaren, die immer wild nach oben abstanden, oder dem kleinen Glitzerstein, den einige im Bauchnabel hatten. Die Trolle wurden immer ohne Kleidung verkauft und waren quasi nackt.

168a) Nintendo

Nachdem Nintendo 1989 den Game Boy in den Handel gebracht hatte, lief bald jedes Kind mit der tragbaren Konsole durch die Gegend. Das Gerät wurde mehrere Millionen Mal verkauft und gilt hinter seinem Nachfolger, dem Nintendo DS, als zweiterfolgreichste Handheld-Konsole. Das erste Spiel für den Game Boy war Tetris, später gesellten sich u. a. Donkey Kong, Super Mario und Zelda dazu. Die Spiele waren nur in Schwarz-Weiß zu sehen. 1996 erschien der Game Boy Pocket, der viel dünner als sein Vorgänger war. Auf dem Game Boy Color von 1998 konnten die Spiele erstmals in Farbe gezockt werden.

169b) Flic Flac

In Oberhausen sahen am 5. Oktober 1989 zum ersten Mal die Zuschauer das Programm des Circus Flic Flac. Statt Pferdnummern & Co. stehen hier die artistischen und humoristischen Einlagen eindeutig im Vordergrund. Eine der bekanntesten Nummern ist das Todesrad. Bei diesem Element handelt es sich um eine kreisrunde Konstruktion aus Stahl, die ständig in Bewegung ist. Die Artisten laufen und springen in den beiden Rädern, die links und rechts der mittleren Kugel angebracht sind, umher. Das Todesrad gilt als äußerst schwierig, es gab bereits mehrere Unfälle.

170d) Koblenz

Die Spielzeugkette Toys"R"us existiert bereits seit 1948. In diesem Jahr eröffnete die erste Filiale in Wayne (New Jersey). Die Idee zum Spielwarengeschäft hatte Charles Lazaurus. Nach Deutschland kam die Kette Toys"R"us, die in der Bundesrepublik ihren Sitz in Köln hat, erst im Jahr 1986. In Koblenz wurde ein Jahr später der erste Markt gebaut.

171c) Motorola

Das US-amerikanische Unternehmen Motorola tüftelte unter der Leitung von Martin Cooper (* 1928) im Jahr 1973 die technischen Bedingungen für das erste Mobiltelefon aus. Jeder sollte in Zukunft die Möglichkeit haben, ein Telefonat auf offener Straße zu führen. Weder Kabel noch Schnur sollten dabei im Weg stehen. Auch der Konzern AT&T hatte in den 70ern lange Zeit ein Mobiltelefon auf seiner Agenda gehabt. Motorola vermarktete schließlich mit dem Dynatac 8000x im Jahr 1983 das erste kommerzielle Mobiltelefon. Es brachte rund 800 g auf die Waage und war für fast 4000 US-Dollar zu erstehen.

172d) Stück mal 'n Rück

Den Ausspruch „Stück mal 'n Rück" mag der CSU-Politiker Franz Josef Strauß (1915–88) Anfang der 80er wohl auch zu seinem Politikerkollegen Helmut Kohl gesagt haben. Der Ministerpräsident von Bayern buhlte mit dem späteren Kanzler um die Vorherrschaft innerhalb der Union. Strauß, der mit seinem Verhalten und seinen Ansichten die Nation spaltete, konnte das Tauziehen für sich entscheiden und trat am 5. Oktober 1980 als Kandidat gegen den damaligen Bundeskanzler Helmut Schmidt an. Er fuhr bei den Wahlen das schlechteste Ergebnis für die Union seit der Gründung der Bundesrepublik ein.

173c) zum Bleistift

Wortdreher und vertauschte Formulierungen wie „zum Bleistift" statt „zum Beispiel" waren in den 80ern beliebte Spiele und mutierte in den Büros sogar zu kleinen internen Wettkämpfen: Wer konnte mit seinem Wortwitz für die meisten Lacher unter den Kollegen sorgen? So wurde schnell aus „das kann ja heiter werden" „das kann ja Eiter werden" oder statt „Herzlichen Glückwunsch" bekam man ein „Herzlichen Glühstrumpf" zu hören. Nicht zu vergessen die fröhliche Begrüßung „Hallöchen Popöchen" oder der Dank „schitte bön". Wer einen drauflegen wollte, der sprach nicht von „Last but not least" sondern von „Lars but not Lisa".

174a) Fete

Nach einer Fete war den Börsianern am 16. Oktober 1989 wahrlich nicht zumute. Die Frankfurter Börse musste den bis dahin größten Einbruch in ihrer Geschichte verkraften. Der Börsenkrach in Deutschland war eine Folge der schlechten Ergebnisse an der Wall Street in New York. Die Frankfurter Börse machte an diesem Tag ein Minus von rund 13,5 %.

Börsenplatz vor der Frankfurter Börse

175a) knorke

Echt knorke muss sich Rita Süssmuth (* 1937) von der CDU gefühlt haben, als sie 1988 zur neuen Bundestagspräsidentin gewählt wurde. Ihre Nominierung kam einer kleinen Sensation gleich: Sie war die erste Frau, die dieses Amt bekleidete. Zuvor hatte sie seit 1985 den Posten der Bundesministerin für Jugend, Familie und Gesundheit ausgeübt. Sie trat im Bundestag die Nachfolge von Philipp Jenninger an (* 1932), der ebenfalls Mitglied der CDU war und der das Amt des Bundestagspräsidenten zuvor vier Jahre lang innegehabt hatte.

176b) Hab' keinen Bock

Keinen Bock schienen die Deutschen auf die Volkszählung im Jahr 1987 gehabt zu haben. Um alle Einwohner erfassen zu können, benötigte die Regierung von jedem spezifische Angaben und Daten. Viele fühlten sich vom Staat überwacht und ausspioniert. Während sich die einen für die Zählung als wichtige Informationsquelle aussprachen, befürchteten die anderen, dass die Republik dadurch zu einem Überwachungsstaat verkommen würde und niemand mehr unbeobachtet seiner Wege gehen könnte. Kaum einer wollte seine persönlichen Daten freiwillig preisgeben.

Volkszählung'87

Eine gute Sache.

177d) heftig

Die Arbeitslosenzahlen waren Anfang der 80er volle Lotte in die Höhe gestiegen. 1982 erreichten sie den damaligen Höchststand von zwei Millionen. Noch nie zuvor hatte es in der Bundesrepublik so viele Menschen ohne Arbeit gegeben. Die Quote von rund 9 % konnte in den Folgejahren nur schwerlich abgebaut werden, da viele Langzeitarbeitslose einfach keine neue Stelle fanden.

178d) alles paletti

Alles in Ordnung war bei der neu gegründeten Partei Die Grünen nur auf den ersten Blick. Innerparteilich stritten sich die sogenannten Fundamentalisten ("Fundis") mit den Realisten ("Realos"). Erstere wurden vor allem durch Jutta Ditfurth (* 1951) vertreten, Letztere durch Joschka Fischer (* 1948). Der interne Zweikampf endete letztendlich damit, dass sich ein Teil der Grünen, der radikalökologische Reformen durchsetzen wollte, abspaltete und 1991 die Partei Ökologische Linke gründete. Sprecherin wurde Ditfuhrt. Die Partei hatte bisher aber nur wenig Erfolg.

179b) echt ätzend

Jahrelang muss sich so manche Politikerin zwischenzeitlich gedacht haben, dass alles echt ätzend sei. Schließlich spielten Frauen bei der Regierungsbildung und innerhalb der Partei meist nur eine untergeordnete Rolle. Ende der 80er sollte sich an diesem Umstand – zumindest theoretisch – einiges ändern: Die SPD beschloss am 30. August 1988 auf ihrem 33. Bundesparteitag, eine Frauenquote einzuführen. Die SPD war die erste große Partei, die eine solche Regelung in ihre Satzung aufnahm. Diese legte fest, dass 40 % aller Mandate und Ämter bis 1998 mit Politikerinnen besetzt werden sollten.

180c) Hattu Möhrchen?

Die Häschenwitze waren zunächst Ende der 70er vor allem in der DDR äußerst populär. In ihnen schwang immer ein Hauch Kritik an der politischen Führung mit. Aber auch der Mangel an bestimmten Gütern spielte eine wichtige Rolle. Später schwappte die Welle auch in den Westen über. Hier waren die Witze hingegen weniger politisch. Beispiel gefällig? Kommt Häschen in einen Laden und fragt: „Hattu Fliegenpilz?" Der Verkäufer antwortet: „Nein, hab' ich nicht!" Am nächsten Tag kommt Häschen wieder und fragt: „Hattu Fliegenpilz?" Der Verkäufer verneint erneut. Am dritten Tag fragt Häschen wieder: „Hattu Fliegenpilz?" Diesmal antwortet der Verkäufer: „Ja, extra für dich aus dem Wald geholt!" Entgegnet Häschen: „Muttu wegschmeißen – is' giftig!"

181a) „der guckt raus"

Auf dem Schulhof waren in den 80ern Sprüche wie „Alle Kinder rennen vor dem Panzer weg, nur nicht Gunther, der liegt drunter" oder „Alle Kinder gehen zum Friedhof, außer Hagen, der wird getragen" gang und gäbe.

182d) weg

Weg vom Arbeitsmarkt, quasi futschikato, waren 1984 bereits viele Arbeitnehmer im Alter von 58 Jahren. Das Vorruhestandsgesetz hatte es möglich gemacht, dass Männer und Frauen bereits früher als üblich in den Ruhestand gehen konnten. Um dies zu verwirklichen, musste der Arbeitgeber mindestens 65 % des durchschnittlichen Bruttoarbeitsentgelds der letzten sechs Monate an den ausgeschiedenen Arbeitnehmer zahlen. Die frei gewordene Stelle sollte am besten mit einem Arbeitslosen neu besetzt werden. War dies von dem Arbeitgeber in die Tat umgesetzt worden, konnte er bei der Bundesanstalt für Arbeit einen Zuschuss in Höhe von 35 % für die Vorruhestandsleistungen beantragen.

183a) urst

Während in Westdeutschland häufig das Wort „sehr" oder auch manchmal der Begriff „geil" benutzt wurde, griffen die DDR-Bürger in den 80ern alternativ zum Ausdruck „urst". Dinge waren nicht einfach nur toll, sondern urst toll. In diesen Fällen nahm „urst" häufig den Platz eines Steigerungswortes ein. Der Begriff war vor allem unter Jugendlichen urst beliebt.

184c) Mach hier keinen Lauten.

„Mach hier keinen Tanz" wird sich die polnische Führung von Lech Walesa (* 1943) gewünscht haben, der die verbotene Gewerkschaft Solidarność 1980 ins Leben gerufen hatte. Die Streikbewegung war an der Hinwendung Polens zur Demokratie maßgeblich beteiligt. Es dauerte jedoch noch neun Jahre seit der Gründung, bis die Wende in Polen abgeschlossen war. 1989 trat u. a. die Verfassungsänderung in Kraft, 1990 wurde Walesa zum neuen Staatspräsidenten gewählt.

185b) sich erschrecken

Einigen sowjetischen Generälen muss es am 28. Mai 1987 die Beine weggesemmelt haben, als sie bemerkten, dass sich der 19-jährige Matthias Rust mit seiner Cessna 172 unbemerkt an ihren Radaren vorbeigeschlichen hatte. Unbehelligt von sowjetischen Abwehrflugzeugen war er nur wenige Meter vor dem Roten Platz in Moskau gelandet. Niemand hatte seinen unerlaubten Flug mitbekommen. Die Aktion blieb nicht ohne Folgen: Rust wurde wegen Gefährdung des Flugverkehrs und Einreise ohne Visum zu vier Jahren Arbeitslager verurteilt. Davon saß er 14 Monate ab. Der sowjetische Verteidigungsminister Jefrem Jewsejewitsch Sokolow und andere Generäle mussten nach dem Vorfall ihren Stuhl räumen.

186b) keinen Plan

Dass Willem de Klerk (* 1936) keinen Plan hatte, als er 1989 zum neuen Präsidenten von Südafrika gewählt wurde, kann man ihm nicht unterstellen. Er hatte sich das Ziel gesetzt, der Apartheid, der Trennung zwischen den Schwarzen und den Weißen, ein Ende zu setzen. Aus diesem Grund nahm er mit Nelson Mandela (* 1918) Verbindung auf, der zu dem Zeitpunkt eine langjährige Haftstrafe verbüßte. Die Verhandlungen mit dem ANC-Führer scheiterten zwar, trotzdem entließ er ihn 1990 aus der Haft. Weitere Gespräche folgten, die Rassentrennung endete 1994. Ein Jahr zuvor hatten de Klerk und Mandela bereits den Friedensnobelpreis erhalten.

SPORT

187b) Jupp Derwall

Die deutsche Fußballnationalmannschaft gewann das Europameisterschaftsfinale in Italien gegen Belgien mit 2:1. Die Tore für die Bundesrepublik schoss Horst Hrubesch. Zwischenzeitlich hatte René Vandereycken per Foulelfmeter für den Ausgleich gesorgt.

188c) Becker-Hecht

Mit seinem Sieg im Jahr 1985 über Kevin Curren im Finale von Wimbledon schrieb der damals 17-jährige Boris Becker (* 1967) Tennisgeschichte. In so jungen Jahren hatte bisher noch kein Sportler ein Grand-Slam-Turnier gewonnen. Den grandiosen Erfolg konnte er im darauffolgenden Jahr wiederholen. Auch 1989 reichte es zum Gewinn des prestigeträchtigen Turniers. 1991 erklomm der Deutsche zum ersten Mal die Spitze der Weltrangliste. Mit seinem Sieg über den Tschechoslowaken Ivan Lendl hatte er genug Punkte gesammelt, um sich an die Spitze zu setzen. Becker ist mit Michael Stich Olympiasieger im Doppel (1992). Seine Zweikämpfe mit John McEnroe waren an Spannung kaum zu übertreffen.

189d) Olaf Ludwig

Ein Olympiasieg, drei Etappensiege bei der Tour de France, ein Gesamtsieg beim Rad-Weltcup sowie ein Sieg bei der Sprint-wertung für das Grüne Trikot bei der Tour de France – die Bilanz von Olaf Ludwig (* 1960) kann sich sehen lassen. Darüber hinaus gewann er u. a. noch zweimal die Friedensfahrt und erreichte den 3. Platz bei den Straßen-Weltmeisterschaften

1993. Mit seinem Unternehmen Olaf Ludwig Cycling GmbH unterstützte er bis 2006 das Team T-Mobile.

190a) Kristin Otto

Die Schwimmerin sprang für die DDR ins Wasser und gewann insgesamt 22 Titel. Sie ist mehrfache Olympiasiegerin, Weltmeisterin und Europameisterin. Außerdem entschied sie zahlreiche Deutsche Meisterschaften für sich. Kristin Otto (* 1966) wurde 1988 zu Europas Sportlerin des Jahres gewählt. Seit 1993 ist sie zudem Teil der Ruhmeshalle des internationalen Schwimmsports.

191) Nelson Piquet

Der Brasilianer wurde 1981, 1983 sowie 1987 Formel-1-Weltmeister. Den 83er-Titel hatte sich Nelson Piquet (* 1952) als Erster mit einem Turbomotor, der inzwischen verboten ist, gesichert. Fernab des Motorsports zog er mit seinem extrovertierten Verhalten die Blicke auf sich und schuf sich so nicht nur Freunde.

Nelson Piquet

192) „The Magic"

Bevor der am 21. März 1960 geborene Ayrton Senna beim Großen Preis von San Marino im Jahr 1994 tödlich verunglückte, war er einer der besten und schnellsten Formel-1-Fahrer. Er gewann den Weltmeistertitel 1988, 1990 sowie 1991. Zu seinem größten Gegner zählt der Franzose Alain Prost (* 1955), mit dem er sich spannende Wettkämpfe lieferte.

193c) Fiat 131 Abarth

Seit 1911 kämpfen Rennfahrer um den Sieg bei der Rallye Monte Carlo. Initiiert hatte den Wettkampf der damalige Fürst Albert I. von Monaco (1848–1922). Als erster Deutscher konnte Walter Schock (1920–2005) 1960 den Wettbewerb für sich entscheiden. Walter Röhrl (* 1947) schaffte gar viermal (1980, 1982, 1983 und 1984) den Gesamtsieg.

194d) Grand-Slam-Turniere und Olympische Spiele

Mit 377 Wochen als Weltranglistenerste steht Steffi Graf (* 1969) unangefochten an der Spitze des Damentennis. Zudem gewann sie 22 Grand-Slam-Turniere: siebenmal Wimbledon, viermal die Australian Open, sechsmal die French Open und fünfmal die US Open. Den Goldenen Slam – den Sieg bei allen vier Grand-Slam-Turnieren sowie bei den Olympischen Spielen in einem Jahr – erreichte sie 1988. Diesen speziellen Triumph konnte bisher keine Sportlerin wiederholen.

195b) nur ein Saisonsieg

Der Vater von Formel-1-Pilot Nico Rosberg (* 1985), Keke Rosberg (* 1948), startete nicht wie sein Sohn für Deutschland, sondern für Finnland. Sein größter Erfolg war der Gewinn der Weltmeisterschaft im Jahr 1982. Er siegte einzig beim Großen Preis der Schweiz, dem 14. Rennen der Saison. Ab diesem Zeitpunkt führte er auch zum ersten Mal die Fahrerwertung an und konnte seine Position auch die nächsten beiden Rennen über halten. Am Ende der Saison hatte der Williams-Ford-Pilot fünf Punkte Vorsprung auf den Zweitplatzierten, Didier Pironi (1952–87).

196a) Sprint

Ihre Paradedisziplin war der Weitsprung, aber auch im Sprint war Heike Drechsler (* 1964) ziemlich erfolgreich. Sie holte Gold sowie Silber über die 200-m-Distanz bei den Europameisterschaften 1986 bzw.1990. Außerdem gewann sie über diese Strecke u. a. die Hallenweltmeistermeisterschaft 1987 sowie eine Bronzemedaille bei den Olympischen Spielen in Seoul (1988). Vier Jahre später sicherte sie sich bei den Spielen in Barcelona den 1. Platz im Weitsprung. Diesen Triumph konnte Drechsler 2000 in Sydney wiederholen.

197b) Kaffeeservice

In der Bundesrepublik wurde 1989 die dritte Fußball-Europameisterschaft der Frauen ausgetragen. Für die Endrunde hatten sich vier Mannschaften qualifiziert. Zuvor waren bei den Qualifikationsspielen 17 Nationalmannschaften angetreten. Deutschland, Italien, Norwegen und Schweden spielten den Titel unter sich aus. Nachdem die deutschen Spielerinnen unter der Führung von Trainer Gero Bisanz Italien im Halbfinale besiegt hatten, trafen sie im Endspiel auf Norwegen. Diese fegten sie mit 4:1 vom Platz.

198b) Daley Thompson

Insgesamt drei Mal verbesserte Jürgen Hingsen (* 1958) den Weltrekord im Zehnkampf. Trotz dieser einmaligen Höchstleistung zog er bei den Europameisterschaften von 1982, den Weltmeisterschaften von 1983 sowie den Olympischen Spielen von 1984 im Vergleich mit dem Briten Daley Thompson (* 1958) immer den Kürzeren. Auch seine in dieser Zeit aufgestellten Weltrekordmarken wurden ihm jeweils von Thompson wieder abgeluchst. Seinen deutschen Rekord von 8832 Punkten hingegen, den er 1984 aufgestellt hatte, konnte ihm bisher kein Sportler streitig machen.

199d) Oberstdorf

Jens Weißflog (* 1964) gewann alles, was man im Skispringen gewinnen kann. 1984 wurde er z. B. auf der Normalschanze Olympiasieger, 1994 auf der Großschanze sowie im Team. Hinzu kommen drei Weltmeistertitel sowie fünf Siege bei den Deutschen Meisterschaften. Darüber hinaus belegte Weißflog zahlreiche 2. und 3. Plätze. Die Vierschanzentournee schloss er viermal als Gesamtführender ab. In der Saison 1983/84 sicherte sich Weißflog außerdem den Gesamtweltcup.

200c) Carmen

Katarina Witt (* 1965) ist eine der erfolgreichsten Eiskunstläuferinnen Deutschlands. Den Sieg bei den Europameisterschaften hatte sie zwischen 1983 und 1988 abonniert, ebenso 1984–88 bei den Weltmeisterschaften (Ausnahme: 1986 Platz 2). Bei ihren Olympiasiegen machte es Witt spannend: 1984 lag sie nur mit 0,2 Punkten vorn, 1988 fiel die Entscheidung erst in der Kür. Witt ist nach der Norwegerin Sonia Henie (1912–69) erst die zweite Sportlerin, die ihren Titel verteidigen konnte.

!

201a) CDU

Gleich 36-mal gewann Eberhard Gienger
(* 1951) die Deutschen Meisterschaften
im Geräteturnen. Bei den Europameisterschaften 1973, 1975 sowie 1981 konnte
am Reck kein Sportler mehr Punkte auf
sich vereinen als der spätere CDU-Politiker.
Nicht anders war es auch bei den Weltmeisterschaften 1974. Für seine überra-
genden Leistungen wurde Gienger 1974
und 1978 zum Sportler des Jahres gewählt. Auch nach dem Ende seiner aktiven
Laufbahn förderte er u. a. als Mitglied des
Olympischen Komitees (1986–2006) den
Breitensport.

202b) „Mister Consistency"

Kein deutscher Golfer war bisher so erfolgreich wie Bernhard Langer (* 1957): Er
gewann gleich zweimal die prestigeträchtigen US Masters (1985, 1993). Neben den
Profigolfern Nick Faldo, Sandy Lyle, Seve
Ballesteros und Ian Woosnam zählt er zu
den „Big Five". Ihnen ist gemeinsam, dass
sie ein Mayor für sich entscheiden konnten,
alle in einem Zeitrahmen von zwölf Mo-
naten geboren wurden und im Ryder Cup
Europa vertreten. 2002 wurde Langer in die
World Golf Hall of Fame aufgenommen.

LEBENSMITTEL

203b) Dolomiti

Das 1994 wieder eingeführte Eis Dolomiti
war nicht mehr das, was es einmal in den
80ern gewesen war. Die Schicht Himbeere
war einem Erdbeergeschmack gewichen,
aus dem Waldmeister wurde Stachelbeere.
Kein Vergleich mit dem Eis, das mit seinen drei Spitzen an die Form eines Berges
erinnerte und 1987 aus dem Sortiment genommen wurde. So sahen es zumindest die
zahlreichen Eisliebhaber. Folglich ging der
Absatz stark zurück; Langnese nahm das Eis
nach einem Jahr wieder vom Markt.

204d) Lutschmuscheln

Wie der Name schon verrät, erinnert die Form der Süßigkeit an eine Muschel. Diese besteht aus Plastik und ist mit einer Bonbonschicht gefüllt. Gab es die kleinen Lutschmuscheln in den 80ern für ein paar Pfennige nur am Kiosk zu kaufen, haben sie inzwischen Einzug in jedem größeren Supermarkt gefunden. Die Lutschmuscheln gibt es in allen möglichen Farben, auch der Inhalt variiert von Rot über Gelb hin zu Orange. Die Popularität der klebrigen Süßigkeit unter Kindern ist aber nicht mehr ganz so hoch wie damals.

205c) Pink

Bevor man sich die pink leuchtenden Bazooka-Kaugummis in den Mund schob, galt es erst einmal herauszufinden, welches Abziehbildchen oder welche Comic-Geschichte sich mit in der Verpackung versteckte. War das geklärt, stand dem süßen Genuss nichts mehr im Wege. Es dauerte immer ein bisschen, bis man sich durch die harte Schicht gekaut hatte, aber dann verbreitete sich der süße Geschmack im Handumdrehen. Auf der rot-weiß-blau gestreiften Verpackung war meist Bazooka Joe abgebildet – ein frecher Junge mit Basecap und Augenklappe. Den Kau-

gummi gibt es bereits seit 1945; die Topps Company aus New York hatte ihn auf den Markt gebracht. In Deutschland sind die Bazooka-Kaugummis hauptsächlich über das Internet zu beziehen.

206a) Chipsletten

In großen runden Dosen statt in Tüten werden auch heute noch Chipsletten vertrieben. Für viele heißen sie auch einfach nur Stapelchips. Am bekanntesten sind wahrscheinlich die Chipsletten der Marke Lorenz und die Snacks von Pringles, die es inzwischen in unterschiedlichen Geschmacksrichtungen gibt.

207b) Außerirdischer

Das Besondere am Knisterpulver in der blauen Tüte war, dass es, sobald es in den Mund geschüttet wurde, anfing, wie wild zu prickeln und zu knistern. Kinder konnten gar nicht genug von dem herrlichen Spaß bekommen. Sobald es aufgehört hatte zu blubbern, konnte man die Masse als Kaugummi weiterkauen. Am bekanntesten war das Knisterpulver der Marke Magic Gum, das auf den kleinen Tütchen einen Außerirdischen mit einem grünen Kopf und einer Kaugummiblase abgebildet hatte.

208b) „Nogger dir einen"

Die Marke Langnese brachte bereits 1964 das Nogger-Eis heraus, damals noch unter dem Namen „Nogger neu". Das Eis am Stiel setzte sich aus Vanilleeis und einem Schokoladenmantel zusammen, der mit Haselnüssen durchzogen war. Für das Nogger-Choc-Eis hingegen wurde dunkles Schokoladeneis mit einem weichen Kern, der aus Nuss-Nougat bestand, zusammengemixt. Nogger Choc, das 1986 eingeführt worden war, erfuhr in den 90ern eine kleine Wandlung: Der Kern bestand nun aus Schokolade und war ziemlich hart. Der Zuspruch schwand, das Eis wurde 2001

vom Markt genommen. Erst durch eine Internetpetition wurde es 2008 in seiner alten Form wieder angeboten.

209a) Panna Cotta

Das aus Italien stammende Dessert Tiramisu wird aus Löffelbiskuits, Mascarpone, Eigelb und Eischnee hergestellt. Die Zutaten werden abwechselnd geschichtet und anschließend mit kaltem, meist mit Weinbrand oder Amaretto versetztem Espresso übergossen. Nach einem mehrstündigen Kühlungsprozess wird das Tiramisu mit Kakaopulver garniert und serviert.

210c) Caprese

Für einen Caprese-Salat in den italieni-schen Landesfarben müssen nur Tomaten und Mozzarella in Scheiben geschnitten und mit Olivenöl beträufelt werden. Garniert wird das Ganze mit Basilikum-blättern und abschließend noch mit Salz und schwarzem Pfeffer abgeschmeckt. Der leichte Salat eignet sich besonders als klei-ne Zwischenmahlzeit an heißen Tagen im Sommer. Wer das Gericht etwas exklusiver zubereiten möchte, der nimmt Büffelmoz-zarella und die Tomatensorte „cuore di bue", die nicht so rund wie die herkömm-liche Fleischtomate ist.

211d) Perlwein

In den 80ern griff fast jeder nach einer Flasche Keller Geister, wenn ihm der Sinn nach Perlwein stand. Die Keller Geister GmbH & Co. KG, ein Teil der HERRES Gruppe International, hatte bereits in den 70ern durch massive Fernsehwerbung auf sein Produkt aufmerksam gemacht und so den Bekanntheitsgrad enorm gesteigert. Den kleinen Teufel mit dem Sektglas in der Hand und einer grünen Schärpe um den Bauch haben viele in all den Jahren nicht vergessen. Auch nicht die damals sehr an die Zeit des Barock erinnernde Aufmachung der Flasche. Das Etikett strahlte nur so vor Goldverzierungen.

212a) Coca-Cola Bläk

Im Gegensatz zu Deutschland hat in den USA die Coca-Cola Bläk ihren Weg in die Supermärkte gefunden. Für die Sorte wird der Cola ein Schuss Kaffee beigemischt. 1829 hatte der Apotheker Asa Griggs Candler die Coca-Cola-Company gegrün-det, die schon kurze Zeit später ihren Siegeszug in der ganzen Welt antrat. Die Essener Vertriebsgesellschaft für Naturge-tränke bot 1929 als erste Firma Coca-Cola in der Bundesrepublik an.

213c) Schokoladen-Zigarette

Mancher rieb sich in den 80ern verwundert die Augen, als er bereits Achtjährige mit einer Zigarette im Mund dastehen sah. Die Schokoladen-Zigaretten bzw. Kaugummi-Zigaretten sahen täuschend echt aus. Die Süßigkeit war mit einem Papierchen umhüllt, das wie ein Zigarettenfilter anmutete, und wurde in einer zigarettenähnlichen Schachtel angeboten.

214b) Wagenräder

Wagenräder bestehen aus mehreren kleinen Brötchen, meist Mohn- und Sesambrötchen sowie Semmeln mit Sonnenblumenkernen, die vor dem Backen aneinandergereiht werden und so einen Kreis ergeben. Sie durften in den 80ern auf keiner Party fehlen. Besonders zu deftigen Suppen waren sie eine beliebte Beilage.

215a) Kirsche

Um die Jahrhundertwende war der Persico in Deutschland verboten. Durch die Verarbeitung von Pfirsichen entstand ein hoher Anteil von Blausäure. Dies ist durch moderne Herstellungsmethoden inzwischen nicht mehr der Fall. In Deutschland wird unter dem Namen Persico seit Jahren ein Likör aus Kirschsaft hergestellt. Gern wird der Likör mit Sekt oder Champagner vermischt.

216d) Puffreis

Die kleinen Kügelchen werden aus Reis hergestellt und teilweise zu Waffeln weiterverarbeitet, die mit Schokolade oder Sesam umhüllt werden. Kinder essen gern gesüßten und bunt leuchtenden Puffreis pur.

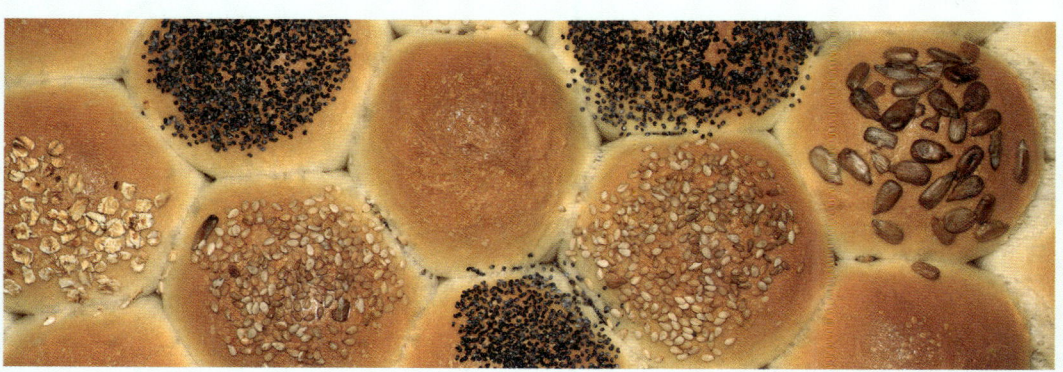